Das Ländle in Berlin

Gerhard Drexel

Das Ländle in Berlin

Badisches und Schwäbisches in der Hauptstadt

be.bra verlag
berlin.brandenburg

Dieser Band wurde ermöglicht durch die Unterstützung
der EnBW Energie-Vertriebsgesellschaft mbH Berlin.

EnBW
Die Energie-AG.

Die Deutsche Bibliothek – CIP-Einheitsaufnahme
Drexel, Gerhard:
Das Ländle in Berlin: Badisches und Schwäbisches in der Hauptstadt /
Gerhard Drexel. – Berlin: Be.bra-Verl., 2000
ISBN 3-89809-001-9

KulturBrauerei Haus S
Schönhauser Allee 36, 10435 Berlin
http://www.bebraverlag.de
e-mail: bebraverlag@t-online.de
Lektorat: Antje Struve, Berlin
Gesamtgestaltung: M&U Friedrich, Berlin
Schrift: FF Scala 9,5/11
Druck und Bindung: Elsnerdruck, Berlin
ISBN 3-89808-001-9

Inhalt

Reibung erzeugt Wärme

Das Ländle in Berlin

Fluggesellschaften bieten Hin- und Rückflüge von Berlin nach Stuttgart zu Preisen an, die dem Niveau eines verbilligten Zugfahrscheins entsprechen. Die Flugdauer beträgt knapp über eine Stunde, mit dem ICE dauert die Reise ungefähr fünfeinhalb Stunden. Schwäbische und alemannische Stämme, die einmal von der Havel an den Oberrhein aufbrachen, benötigten Jahre für ihre Völkerwanderung, und die im 19. Jahrhundert in Hohenzollern-Sigmaringen stationierten preußischen Truppen könnten heute übers Wochenende nach Haus fahren, um eine »Molle zu zuppen«.

Viele Nachkommen der schwäbischen Havelgermanen drehten die Reiserichtung um und landeten in Berlin. Diesen Umstand auf Urinstinkte zurückführen zu wollen, scheint gewagt. Glaubwürdiger wirkt als Begründung die Volksweisheit »Gegensätze ziehen sich an«.

In Berlin, dem weitläufigen Stadtgebilde mit breiten Gehwegen und Straßen, kann ein Schwabe vor soviel Platzvergeudung nur fassungslos den Kopf schütteln. Berlins vielfältiges, multi-kulturelles Angebot ergänzt den Eindruck eines Schwaben, in einer Stadt gelandet zu sein, die die Summe der Gegensätze zu seinem Heimatort und dem gewohnten Lebensstil bietet. Umgekehrt scheinen die baden-württembergischen Städte die Berliner nicht so sehr zu einem Umzug bewegen zu können, obwohl sie für Berliner ebenfalls einer gewissen Exotik nicht entbehren mögen.

Dabei haben Berlin und Stuttgart durchaus Gemeinsamkeiten: beide Städte liegen an Wasserstraßen, hohe Fernsehtürme zählen zu den Wahrzeichen, ein Schillerdenkmal steht in jeder Stadtmitte, und in beiden Städten leben viele Schwaben. Aber es wohnen mehr Schwaben in Berlin als umgekehrt.

Trotz oder vielleicht gerade wegen seiner Sauberkeit scheint Stuttgart auf Berliner nicht verlockend zu wirken, hänseln sie die Schwaben ja sogar mit einem ihrer Heiligtümer. Die »Kehrwoche« kehrt immer wieder. Mit dieser Lebenserfahrung wächst der Baden-Württemberger auf und lernt fegend fürs Leben: Am Kehrbesen soll die Welt genesen! Die Kehrwoche behandelt alle gleich und lehrt die Grundgedanken der

Toleranz, »Ein jeder kehre vor seiner eigenen Tür!«, und der Demokratie, »Dein Dreck ist auch mein Dreck!«

Ganz anders in Berlin. Für die Reinigung des Gehweges ist die BSR, die Berliner Straßenreinigung zuständig, für den Hof und das Treppenhaus der Hauswart. Aus schwäbischer Sicht findet in Berlin zur Entlastung der Bewohner ein strukturelles Outsourcing statt. Der schwäbische sozialdidaktische Ansatz der Kehrwoche, seine eigene Toleranz und Demokratieverständnis durch ständige Kontrolle der Nachbarn zu überprüfen, wird dabei versäumt.

Das gute schwäbische Essen wird die Berliner sicher auch nicht abschrecken. Andererseits ziehen die Schwaben nicht nach Berlin, nur weil die »Buletten« besser als »Fleischküchle« schmecken sollen. Das haben sie nicht nötig. Badener und Schwaben leben in einem kulinarisch begünstigten Land, das belegt ein französischer Gourmetführer sternenklar.

Mit der Niederlassung süddeutscher Unternehmen in Berlin wurden viele »Management-Schwaben« nach Berlin versetzt. Sie wohnen gut, sie verdienen gut, und sie leben gut. Berliner müssen sich auf einen neuen Typ Badener und Schwaben einstellen, verbanden sie doch mit Schwaben bis in die frühen neunziger Jahre hinein hauptsächlich Studenten und Bundeswehrflüchtlinge. Auch geistert nachhaltig das Bild des »sparsamen Schwaben« in den Köpfen herum. Es wird dabei nicht wahrgenommen, dass hoher Wohlstand und Lebensqualität in Baden-Württemberg mit der großen Ausgabefreudigkeit im »Ländle« zusammenhängen. Dabei wird allerdings auf ein gutes Preis-Leistungsverhältnis geachtet, so kann beim häufigen »Geld ausgeben« am meisten gespart werden: »Liaber glei ebbes G'scheits, als dr'noch emmer dr Ärger«[1], begründet der Schwabe sein Qualitätsbewusstsein und die erhöhten Kosten, – und denkt dabei an Vorsorge gegen teure Reparaturen.

Gerühmt wird die freche »Berliner Schnauze mit Herz«, ein Schwabe soll ihr schwerlich etwas entgegensetzen können. Nur wenige Berliner haben einen Schwaben wirklich schimpfen gehört. Sie wären von der brachialen Wucht und der Lust an Wortschöpfungen erstaunt. Dass er es oft nicht so meint, sondern sich dabei vom Sprachwitz seines Dialektes verführen lässt, ist ein offenes Geheimnis. Auch dem Schwaben kann das Herz auf der Zunge liegen, wenngleich es etwas dauert, bis er seinen Mund öffnet.

[1] »besser gleich etwas Gutes kaufen, damit man sich später nicht ärgern muss«

Schön'n Tach noch!

Freundliches Preußen

Die stämmige, rothaarige Verkäuferin hielt den Teller in der Hand und fragte mich mit ernster Miene: »Mit Kartoffelpüree?« «Und bitte mit Sauerkraut,« antwortete ich. »Mit Kartoffelpüree?«, wiederholte sie streng und ließ nicht locker. Dabei zog sie ihre Augenbrauen etwas in die Höhe. »Ja«, sagte ich eingeschüchtert. Sie füllte den Teller, auf dem schon eine Berliner Bratwurst lag, zur Hälfte mit Kartoffelpüree. «Was noch dazu?«, fragte sie mich scharf und schaute mich dabei herausfordernd an. »Etwas Sauerkraut, bitte«, getraute ich mir zu wiederholen. Sie drehte sich zu den hinteren Töpfen, lud den Teller voll und schob ihn in die Mikrowelle. Als er heiß und dampfend auf ihren vorsichtigen Fingerspitzen ruhte, schaute sie mich schräg an und fragte: »Senf oder Ketschup?« »Senf«, antwortete ich knapp. »Zusammen siebenfünfzig!« Ich zahlte, nahm Besteck und Teller und ging zu einem der Stehtische. In der Mittagspause in einem Imbiss im Stehen zu essen, statt an einem Tisch zu sitzen, finde ich sehr berlinerisch.

Ein Fremder hätte sich wahrscheinlich abgefertigt gefühlt, aber meine Berliner Erfahrung liess mich gelassen die gute Hausmannskost genießen. Die Verkäuferin hatte mich nur auf den richtigen Arbeitsablauf hingewiesen. Jetzt wusste ich genau, in welcher Phase ich zu antworten hatte. Kundendisziplin ist in Berlin der Schmierstoff der Dienstleistung und wird mit zuvorkommender Sachlichkeit belohnt. Seither aß ich in dem Fleischerei-Imbiss öfter. Wenn ich fertig war und auf die Straße hinausging, sagte ich laut »Aufwiedersehen!« Ich hörte dann hinter mir ein undeutliches Gemurmel. Jetzt lernte ich die Verkäuferinnen ein, denn ich war der Einzige, der sich beim Gehen hörbar verabschiedete. Betrete ich in Baden-Württemberg dagegen einen Laden und grüße die Anwesenden, singen mir die Verkäuferinnen im Chor ein mehrstimmiges »Grüß Gott!« entgegen.

Vor ein paar Jahren führte die Stadt Berlin zusammen mit den Bediensteten der Berliner Verkehrsbetriebe (BVG) sogenannte Benimmseminare durch. Der Ruf der Hauptstadt litt unter der ausdruckstarken Freundlichkeit der Busfahrer und Zugabfertiger. Nach der Schulungsmaßnahme hörten die Reisenden aus den Lautsprechern der U-Bahn ein überraschendes: »Zurücktreten, bitte!« Das Wort »bitte« war ein Ergebnis des Kurses, er war nicht umsonst gewesen. Einmal im Jahr wählt die BVG den »freundlichsten Busfahrer Berlins«. Es soll mehrmals hintereinander derselbe gewonnen haben. Leider scheint er nie die Linie zu wechseln.

Wenn ich an meinem Kiosk an der Ecke die Zeitung gekauft habe, höre ich von dem Verkäufer ein verkniffenes »Tschüssi«, manchmal hängt er ein ernstes «Schön'n Tach noch, wa!« an. Auch hier überwiegt das Wesentliche. Aber einmal schien morgens die warme Aprilsonne, und er begann mit mir ein Gespräch über das frische Frühlingsgrün an den Bäumen. Er schaute verträumt zu ihnen hoch und resümmierte knapp: »Jetzt wird et wieda jrün.« Ich nickte. »Also dann, tschüssi!«

Wenn Freundlichkeit von der Art und Weise kommt, wie man mit seinen Freunden umgeht, sei die Frage erlaubt, ob in Baden-Württemberg alle Freunde sich ständig ansingen, und ob die Berliner ihren Freunden immer nur kurz und bündig auf die Sprünge helfen.

Sowohl bejahende als auch verneinende Antworten müssten zu Verallgemeinerungen führen. Es gibt überall »solche« und »solche«. Klingt der schwäbische Umgangston gegenüber dem Berliner etwas milder, mag dies an dem mit verniedlichenden Verkleinerungsformen durchsetzten Dialekt liegen. Das Berlinerische wirkt dagegen direkter und rotziger. Es nimmt keinen Weichfilter vor den Mund. Preußisches Obrigkeits- und Verordnungsdenken scheint sich bis heute in den Kommunikationsstrukturen verfestigt zu haben. Das Berlinerische ist zum Erteilen von Befehlen besser geeignet als das Schwäbische. »Stilljestanden!« ist ein Befehl, »Älle mol schdill nastanda!« hört sich dagegen wie ein gutgemeinter Vorschlag an.

Der Ton macht die Musik, und die Musik das Echo, das zurückschallt. Der Berliner ist ein Bürger, der sich einer Verwaltung folgsam unterzuordnen weiss. Aber gefallen lässt er sich nicht alles. Steht ein Schwabe auf einer Berliner Post in der Schlange und vorne geht es lange Zeit nicht weiter, kann er sich über den lauthalsen Unmut, der den Postbeamten möglicherweise entgegengeschleudert wird, nur wundern. Im Südwesten wird da tief Luft geholt und still in sich hineingelitten. Schneller werden die Beamten in beiden Fällen nicht arbeiten, da scheint eine überregionale Absprache vorzuherrschen.

Wenn mich schwäbische Freunde besuchen, sind sie jedesmal von der facettenreichen Großstadt begeistert. Sie schwärmen von den freundlichen Bedienungen in den Cafés, den hilfreichen Passanten, die ihnen den Weg zeigten und den zuvorkommenden Verkäuferinnen in den Läden. Ein »Kennwanich« und »Hamwanich« scheinen sie nie zu hören. Bei ihren Vergleichen mit der Heimat rangiert die schwäbische Freundlichkeit nur an zweiter Stelle. Ich höre dann jedesmal erstaunt zu und versuche zu erklären, dass es eigentlich nicht so wäre. »Im eigenen Lande gilt der Prophet bekanntlich nichts, und anfänglich erscheint das Fremde immer reizvoller als das Altvertraute«, höre ich mich argumentieren.

Die erstaunten Gesichter verunsichern mich und werfen Fragen auf. Haben sich die wirklichen Berliner seit der Erlangung der Hauptstadtwürde zu freundlichen Weltbürgern verändert, und wir zugezogenen »Berliner« haben es noch nicht bemerkt? Sitze ich hartnäckig dem alten Klischee der »Berliner Schnauze« auf, die ja sehr viel Herz haben soll, aber anderen auf den Magen schlägt? Oder bedienen jetzt nur noch Schwaben in Berlin?

Berlin, deine Schwaben und Alemannen

Eine kleine Landesgeschichte

Die Schlacht von Großbeeren tobte erbittert. Doch am Ende konnten die Alliierten aus Russen, Preußen und Österreichern die französisch-sächsische Armee zurückdrängen. Das zahlreiche Publikum klatschte begeistert Beifall. In Erinnerung an den schicksalhaften Tag vom 22. August 1813 wurde die Schlacht von Großbeeren von der Bevölkerung in historischen Kostümen nachgespielt. Nach dem sommerlichen Schauspiel gingen wir ins Heerlager, das am Dorfweiher aufgeschlagen war. Mit den Worten: »Dort drüben ist ein Landsmann von dir«, wurde ich zu einem kleinen Zelt geführt. Vor ihm schlürfte ein Soldat des badischen Regimentes, das auf der Seite der Franzosen gekämpft hatte, eine Tasse Tee. Spontan entfuhr es mir: »Das ist kein Schwabe, das ist ein Badener.« Meine Berliner Freunde waren völlig verblüfft. Noch mehr erstaunt waren sie allerdings, als ich meinen verleugneten Landsmann freundlich begrüßte, und wir uns dann angeregt unterhielten – als Baden-Württemberger.

Wen meint der Berliner, wenn er fragt, ob man aus Schwaben komme? Als offizielle Benennung eines Landstriches taucht das Wort nur als Regierungsbezirk »Schwaben« in Bayern auf. Weiss der Hauptstädter nicht, dass eines der südlichen Bundesländer Baden-Württemberg heißt? Hat er noch nichts von Baden gehört, von Württemberg? Könnte er schwäbisch von badisch, gar von alemannisch unterscheiden? Das schwäbische Siedlungsgebiet reicht vom Schwarzwald bis ins Allgäu und vom Bodensee bis zum Schwäbischen Wald. Dann begegnet man den Alemannen, den Bayern und den schwäbischen Franken. Die Alemannen in Südbaden haben ihre Stammesverwandte im Elsaß und in der Schweiz. Es scheint, als besiedelten die Vorfahren der Baden-Württemberger schon seit jeher die Hügel und Täler im Umkreis von Bodensee, Donau, Rhein und Neckar. Doch welch eine Überraschung! Sie waren »Nordlichter«: Schwaben wie Alemannen stammen von den suebischen Semnonen, einem germanischen Stamm aus der Mark Brandenburg ab. Das »Ländle« Baden-Württemberg ist ein Vielvölkergemisch. Die Geschichte kümmerte sich nicht um Stammesgebiete und ehemalige Herrschaftsbereiche. Aber man sollte besser einen Badener nicht als Schwaben ansprechen oder einen Schwaben als Alemannen. Oder gar einen Badener als Württemberger und umgekehrt. Passieren wird dann gar nichts, aber trotzdem ist es besser, da ein bisschen aufmerksam zu sein.

Von der Havel an den Neckar

»Hier ist gut Sein«, soll der Häuptling der Sueben gesagt haben. »Und das Wetter isch au besser, da trocknet d'Wäsch schneller«, soll daraufhin seine Frau bemerkt haben. So könnte es sich um 120 v. Chr. zugetragen haben. Der suebische Stamm der germanischen Semnonen war von der Havel an den Neckar, den Rhein und in das Elsaß gezogen. Sie errichteten ihre Siedlungen an Flüssen, fischten, trieben Ackerbau und huldigten Flußgöttern. Die Sueben »wahrsagten aus den Wirbeln der Flüsse und aus den Windungen und dem Rauschen der Ströme«. Manche unternahmen lange Wanderungen zurück in das Havel-Spree-Gebiet, um ihre Kultstätte, den Hain des Kriegsgottes Ziu, zu besuchen. »Der Präberliner, der in den Havelseen fischte, im Grunewald jagte und in dem märkischen Boden seinen Dinkel anbaute, redete die schwäbische Mundart«, stellte der Dichter August Lämmle 1929

anlässlich des sechzigjährigen Jubiläums des Vereins der Württemberger zu Berlin fest.

Als die Germanen immer wieder in das römisch besetzte Gallien einfielen, setzten die Römer über den Rhein und errichteten als Schutzwall den Limes. Das ging bis zum 3. Jahrhundert n. Chr. gut, als alemannische Reiterverbände auftauchten. Die Alemannen waren ein Verband suebischer Stämme, geschichtlich gesehen »Spätschwaben«. Und was Schwaben und Alemannen damals wie heute am meisten ärgern kann, ist der zu hohe Gartenzaun des Nachbarn. Folglich überrannten sie den römischen Limes, siedelten sich im heutigen Baden-Württemberg, am Oberrhein, dem Elsaß, der Nordschweiz und in Teilen Bayerns an. Um 497 besetzten dann die Franken unter ihrem König Chlodwig das alemannische Gebiet. Bis heute verläuft im nördlichen Teil von Baden-Württemberg eine Sprachgrenze zwischen Schwäbisch-Alemannisch und Fränkisch, oft zwischen zwei Nachbardörfern hindurch.

Badische Markgrafen und schwäbische Staufer

Als 800 n. Chr. Karl der Große zum Kaiser gekrönt wurde, hatte er mit seinem Frankenreich ein abendländisches Imperium geschaffen. Seine Besitztümer auf alemannischem Gebiet konnte er nur unter der Ernennung von Herzögen verwalten, denen er Grundbesitz zusprach. Hieraus entwickelte sich eine erste Blüte der Hochadelsgeschlechter auf alemannischem Gebiet. Im Oberrheintal übertrug um 1100 Berthold I., Herzog von Kärnten und Markgraf von Verona, den Herzogtitel auf seine Stammburg Zähringen. Mit der Erbschaft der breisgauischen Besitztümer begann die Geschichte des Territoriums des Landes Baden. Eine bedeutende Linie ergab sich über seinen Enkel, er wurde zu Hermann I., Markgraf von Baden.

Um 1079 machte König Heinrich IV. den Grafen Friedrich I. von Büren zum Herzog von Schwaben. Das Geschlecht derer »von Büren« nannte sich später nach ihrer Stammburg Hohenstaufen »von Staufen«. Mit Friedrich I., der wegen seines rötlichen Bartwuchses in Italien den Beinamen Barbarossa erhielt, begann die Epoche der »Staufer«. Als König sorgte er geschickt dafür, dass das Herzogtum in der Familie, das »Sach« zusammen blieb. Im Laufe ihrer Epoche vergrößerten die Staufer teils durch Erwerb, teils durch zielorientiertes Heiraten beträchtlich ihre Besitztümer. Ein Methode, die im Schwäbischen mit »er bringts Titele, sie bringts Mittele« kommentiert wird.

Graf Ulrich I. von Württemberg aus dem Remstal brachte nach dem Tode des letzten staufischen Kaisers um 1250 viele staufische Besitzungen unter seine Fuchtel, auch die badische Stadt Stuttgart. Als bedeutendste Macht mit vielen verstreuten Besitztümern waren die Habsburger aufgestiegen. Viele Städte und Ländereien im jetzigen Baden-Württemberg waren bis 1805 in ihrem Besitz, wurden »Vorderösterreich« genannt und von Innsbruck aus verwaltet.

In Folge des Dreißigjährigen Krieges und der Reformationszeit teilte sich 1535 die Herrschaft Badens in eine katholische Linie im Süden und eine evangelische im Norden. Erst 1771 erbte der evangelische Markgraf aus Karlsruhe das südliche Baden.

Ländermonopoly

Die politischen Umstände brachten Anfang des 19. Jahrhundert im Südwesten Deutschlands eine gründliche Flurbereinigung mit sich. Mit Napoleon Bonaparte als Kartenmischer im Hintergrund entstanden 1806 am Verhandlungstisch das Großherzogtum Baden und das Königreich Württemberg. Ein weiterer Tausch fand 1810 zwischen Bayern und Württemberg statt. Einer der Gründe, warum in einigen Teilen Bayerns Schwaben leben. Die dabei entstandenen Landesgrenzen entsprachen im Großen und Ganzen den Grenzen, wie sie sich auch später 1945 darboten.

Die Fürstentümer Hohenzollern mit der preußischen Stammburg wurden nach der gescheiterten Revolution in Baden von 1848 durch preußische Truppen besetzt. Zwischen dem Großherzogtum Baden und dem Königreich Württemberg drängte sich plötzlich eine schwäbisch bevölkerte, preußische Enklave.

Im November 1918 dankte König Wilhelm von Württemberg ab, der Großherzog Friedrich von Baden war ihm bereits um wenige Tage zuvorgekommen. Mit den Verabschiedungen der Landesverfassungen 1919 wurden Baden und Württemberg in die Weimarer Republik integriert. Mit der Übernahme der wichtigsten politischen Ämter durch die Nationalsozialisten endete um 1933 die kurze Zeit der beiden demokratischen Länder.

Die Besetzung Badens und Württembergs durch amerikanische und französische Truppen ergab nach dem Zweiten Weltkrieg eine politische Situation, aus der das Bundesland Baden-Württemberg aufgebaut werden konnte. Die verfassungsgebende Landesversammlung gab dem Südweststaat 1953 den Namen Baden-Württemberg mit Regierungssitz in Stuttgart.

Zurück zu den Wurzeln

Einer rätselhaften Anziehung folgend, wandern bis heute viele Schwaben und Alemannen von Neckar und Rhein in das ehemalige Stammesgebiet ihrer Ahnen an Havel und Spree zurück. Lange Jahre schlugen sie lieber nur in West-Berlin ihr Lager auf. Dann zog die Geschichte unerwartet eine Überraschungskarte vom Stapel und machte Berlin mit einem Stich zur Hauptstadt eines vereinigten Deutschlands. Jetzt kamen auch die Schwaben und Alemannen, die es ins Rheinland verschlagen hatte. Sie verstärkten die schon angesiedelte Kolonie. Die Nachkommen der Sueben errichteten mit der neuen Landesvertretung von Baden-Württemberg wieder eine kultische Versammlungsstätte. Doch ist diese nicht mehr dem alten Kriegsgott Ziu geweiht – friedliebende Politik-, Wirtschafts- und Handelsgötter haben ihn schon längst verdrängt.

Auch wurde das gewässerreiche Umland Berlins für Schwaben und Alemannen wieder besiedelbar. Nach altem Wissen kann da so mancher Kundige aus den Strudeln des Wassers voraussagen, das an seinen Bootsanlegesteg plätschert. Mit Freude kann er vernehmen, wie die Wellen eine sichere und stetige Wertsteigerung seiner Hütte orakeln. «Bloss d'Wäsch trocknet bei dem Wetter langsamer« soll die einzige vernehmbare Klage sein. »Wenn's bloss des isch!«

War Kaiser Wilhelm ein Schwabe?

Die hohenzollerischen Verwandten in Berlin

Die DDR baute in den siebziger Jahren ihren »Palast der Republik« an der Stelle, wo einst das Schloss der Hohenzollern stand. Nach der Wiedervereinigung brannte ein Streit darüber auf, was mit dem »Palast der Republik« und dem brachliegenden Schlossplatz geschehen soll. Sollte er mit neuer Architektur oder einer Replik des Hohenzollernschlosses bebaut werden?

Als Stammsitz haben die Hohenzollern seit dem Mittelalter die Burg Hohenzollern bei Hechingen. Am Steilrand der schwäbischen Alb gelegen, ermöglicht die türmchen- und zinnenbestückte Märchenburg den Besuchern einen weiten Ausblick über das schwäbische Land. Der Stauferkönig Heinrich VI. belehnte 1191 den Hohenzoller Friedrich III. mit der Burggrafschaft von Nürnberg. Dieses Amt begründete die Aufspaltung des Geschlechtes der Hohenzollern in eine schwäbische und in eine fränkische Linie. Als Friedrich I. hatte er 1417 die feierliche Belehnung mit der Markgrafen-, Kur- und Erzkämmererwürde der Mark Brandenburg erhalten. Mit einem Spross der fränkischen Linie begann die Ära der Hohenzollern in Brandenburg.

Sein Sohn, Friedrich II., begann mit dem Bau des Schlosses an der Spree um 1443 – es war nach ungefähr acht Jahren fertiggestellt. Am 18. Januar 1701 fand in Königsberg die feierliche Krönung des Kurfürsten Friedrich III. zum preußischen König Friedrich I. statt. Um sein Königstum würdevoll repräsentieren zu können, liess er von dem Baumeister und Kunstplastiker Andreas Schlüter das Berliner Schloss umbauen. Schlüter machte aus der Burg, mit der sich die Hohenzollern bis dahin begnügt hatten, das machtvollste aller nordischen Barockschlösser. Die Königin zog im Schlossgärtchen die ersten Kartoffeln in Preußen. Seine zweite Gemahlin pflanzte auf der staubigen Gerade zwischen Schloss und Tiergarten die erste Linde einer Allee, die mit dem Straßennamen »Unter den Linden« weltberühmt wurde. Kartoffeln auf jedem Teller und Linden an der Straße sind bis heute aus Berlin nicht wegzudenken.

Mit der Thronbesteigung Friedrich Wilhelms I. im Jahr 1713 kam ein König auf den Thron, dessen Familiensinn die schwäbischen und fränkischen Hohenzollern ins Blickfeld des preußischen Hofes rücken ließen.

König Friedrich Wilhelm IV. hatte schon als Kronprinz eine Vorliebe für die Stammburg entwickelt. Mitte des 19. Jahrhunderts machte er den Wiederaufbau der renovierungsbedürftigen Burg zur Aufgabe der ganzen Familie. Die Burg Hohenzollern erhielt ihr heutiges romantisierendes Aussehen.

Der badische Aufstand im Revolutionsjahr 1848 und die Besetzung ihrer Fürstentümer durch preußische Truppen veranlassten die hohenzollerischen Fürsten im Dezember 1849 ihre Souveränitätsrechte an Preußen abzugeben. So konnten sie zumindest ihre Besitztümer wahren. Zwischen dem Großherzogtum Baden und dem Königreich Württemberg lag jetzt ein Stück Preußen.

Mit der Kaiserproklamation am 18. Januar 1871 wurde der preußische König Wilhelm I. zum Kaiser gekrönt. Doch schon sein Sohn, Kaiser Wilhelm II. musste sich nach dem Ersten Weltkrieg mit seiner Familie ins holländische Exil begeben.

Heute können Besucher in der für Publikumsverkehr wiedereröffneten Hohenzollerngruft im Berliner Dom die familiären Verknüpfungen der Preußen nachvollziehen. Wer allerdings die Särge von Friedrich II. (der Große) und dessen Vater Friedrich Wilhelm I. besuchen möchte, muss nach Potsdam-Sanssouci fahren.

Das heutige Oberhaupt der Familie, Prinz Georg Friedrich von Preußen nahm mit der jugendlichen Unbefangenheit eines Betriebswirtschaftstudenten die Gerichtsentscheidung, dass die Hohenzollern ihre früheren Besitztümer in Potsdam – rund 244 Grundstücke sowie das Wohnrecht für Schloß Cecilienhof und Teile von Sanssouci – nicht zurückerhalten, nicht krumm. Ein gerader Preuße, so scheint es. Oder hatte ihn sein schwäbischer Verwandter Prinz Wilhelm Karl von der Burg Hohenzollern verraten, dass Schlösser zwar schön zum Wohnen sind, aber halt auch viel »G'schäft« machen?

Schon wieder Jahreshauptversammlung!

Vereint in Berlin

»Es war die Liebe!«, bekennt Marie-Luise Elmering in der Festschrift zum hundertjährigen Jubiläum des Vereins der Badener in Berlin. »In Baden waren im Krieg Soldaten aus ganz Deutschland stationiert. Man lernte sich kennen.« Im April 1941 verließ sie ihren heimischen Schwarzwald und zog nach Berlin. Ähnliche Geschichten können viele Mitglieder erzählen. Ihre Heimat fanden die Zugezogenen in Berlin bei den landsmannschaftlichen Vereinen wieder. Man traf sich in Gaststätten, die von Badenern oder Württembergern geführt wurden. Heimat geht auch durch den Magen.

Beide Vereine können auf eine über hundertjährige Geschichte zurückblicken. Als 1869 im Gasthof Luckauer Garten in Berlin eine handvoll Arbeiter den »Verein der Württemberger« gründeten, steckte außer der Pflege des Schwabentums noch die Idee zur gegenseitigen Unterstützung und Hilfe dahinter. Auch politische Fragen beschäftigten mitunter die Mitglieder. Einer der strittigsten Punkte bei der Reorganisation des Vereins der Württemberger war 1879, ob die »Landsleute aus Hohenzollern als Württemberger gelten sollen, da sie doch preußische Schwaben seien.«

Die Badener schlossen sich 1894 zu einem »Verein der Badenser« zusammen. Ein besonderes Ereignis verschaffte dem Verein »einen fast kometenhaften Aufstieg.« Der 100. Geburtstag Kaiser Wilhelms I. stand vor der Tür. Dem »Verein der Badenser« fehlte für die Feierlichkeit eine Vereinsfahne. Bei einer Audienz schilderte der Vereinsvorsitzende Faller dem Großherzog das Anliegen so beeindruckend, dass dieser spontan Vereinsmitglied wurde und die Fahne spendete. Seither hat die adlige Familie ihre Mitgliedschaft nie ruhen lassen.

Nachdem Sprachwissenschaftler die Bezeichnung »Badenser« als unrichtig bezeichnet hatten, wurde zu Beginn des letzten Jahrhunderts der Name in »Verein der Badener in Berlin« geändert. Für beide Gemeinschaften hatte der Erste Weltkrieg verheerende Konsequenzen. Doch nach und nach besserte sich die Situation und ein paar Wackere wiederbelebten die Vereine. In der neuen Republik

konnten die Badener auch Reichspräsident Friedrich Ebert zu ihren Mitgliedern zählen. Beide Vereine erlebten in den folgenden Jahren einen Höhenflug mit zahlreichen kulturellen Veranstaltungen, alljährlichen Stiftungs- und Trachtenfesten – so auch die Teilnahme am »Schwabenabend« bei der Funkausstellung 1934. Willy Reichert war der Star der Sendung, die durch den Äther ging.

Nach Kriegsende war die Zukunft Berlins ungewiss, viele zogen weiter nach Westen und suchten ihr Fortkommen im wirtschaftlich stärkeren Baden-Württemberg zu finden. Nur wer familiär oder durch einen eigenen Betrieb in Berlin gebunden war, blieb in der Stadt. Wieder trafen sich Badener und Schwaben in badisch und schwäbisch geführten Gasthäusern, riefen die Vereine wieder ins Leben.

Schon lange sind beide Vereine befreundet. Seit Jahren treffen sie sich in der Gaststätte »Landwirt« des Badener Klaus Dieter Kuch zum Stammtisch. Jährlich am Gründonnerstag sitzen sie in großer Runde und genießen die verbindende Wirkung von »Maultaschen in der Brühe«.

Die Eröffnung der neuen Landesvertretung Baden-Württemberg in Berlin könnte eine neue Entwicklung einläuten. Die Idee, beide Organisationen unter ein Dach zu bekommen, hat mit dem Zuzug der Vertretung nach Berlin Befürworter erhalten.

Doch in den Vereinen wird auch stolz auf ihre selbstständige und wechselvolle Geschichte geschaut. Es scheint, da fließt noch viel Wasser Neckar, Rhein und Spree hinunter, und noch einige Maultaschen und »Viertele« müssen bei den Debatten am Stammtisch dran glauben. Gut Ding will Weile haben und gründlich überlegt sein, was sind bei einem badischen und schwäbischen Verein schon hundert Jahre?

Eine lichte Botschaft aus Baden-Württemberg

Die Landesvertretung in Berlin

Als Baden-Württemberg sich entschied, seine Landesvertretung von Bonn nach Berlin zu verlegen, konnte es die beiden ehemaligen Grundstücke der früheren badischen und der württembergischen Repräsentanzen in Berlin gegen ein brachliegendes Grundstück an der Tiergartenstraße 15 eintauschen. Zur Zeit erlebt dieses Viertel durch die Eröffnungen von Botschaften und Landesvertretungen eine Renaissance als Diplomatenviertel. Nachbarn des Hauses Baden-Württemberg sind der indische, der österreichische und der ägyptische Botschafter.

Gegenüber des Haupteinganges des vielgelobten, fast ganz in Weiß gehaltenen Neubaus des Architekten Dietrich Bangert beginnt gleich der Tiergarten mit seinen hohen Bäumen. Er wirkt wie ein großer grüner See in Berlin, an dessen geschwungenen Ufern die demokratischen Institutionen wie zum Beispiel der Sitz des Bundespräsidenten, der Reichstag, das Bundeskanzleramt, aber auch das Haus der Kulturen der Welt, der Potsdamer Platz oder das Kulturforum versammelt sind. Und im Sommer wird hier jedes Wochenende die Speisung der Fünftausend in Form einer riesigen Grillparty abgehalten.

Die baden-württembergische Landesvertretung entspricht durch ihr schlichtes Auftreten, ihr über die ganze Vorderfront reichendes, überdachtes Eingangsfoyer, dessen langgezogenen Ecken die Geste zweier zum Empfang ausgebreiteten Arme zeigen, ganz der baden-württembergischen Wesensart und Gastfreundlichkeit. Architekt Dietrich Bangert nahm Licht als gestalterisches Element ernst und baute mit der Landesvertretung Baden-Württemberg ein helles und innen transparent wirkendes Gebäude.

Der Bedeutung Baden-Württembergs entsprechend, erfüllt die Landesvertretung in Berlin die Funktion einer innerdeutschen Botschaft ebenso wie die einer Naht- und Kontaktstelle zwischen Landes-, Bundes- und Europapolitik. Gleichzeitig kann die Landesregierung in Zusammenarbeit mit ihrer Vertretung in Berlin auch eine politische Mitgestaltung auf Bundesebene bewirken. Baden-Würt-

temberg verfügt im Bundesrat über ein bedeutsames Mitspracherecht in der Bundespolitik, so zum Beispiel bei der Verabschiedung von Gesetzen.

Sowohl auf europäischer, als auch auf Bundesebene und für den Bundesrat bereiten die rund siebzig Beschäftigten der Landesvertretung Baden-Württemberg politische Sitzungen vor, erarbeiten Stellungnahmen und Anträge. Wie bei einem Fußballspiel helfen sie mit ihren Vorlagen den Spielmachern, mit Quer- und Rückpässen den Ball in den eigenen Reihen zu halten, die Gegenspieler ins Leere laufen zu lassen, um dann im richtigen Moment die politischen Spitzen mit Steilpässen in günstige Positionen zu bringen. Zur täglichen Arbeit der Landesvertretung gehören aber auch Einzelanliegen von Bürgern, Gemeinden, Firmen oder Institutionen. Die Landesvertretung bietet ihnen Unterstützung bei behördlichen Stellen des Bundes an.

Ungefähr 50.000 Gäste pro Jahr besuchen die Landesvertretung. Wie in Bonn werden sie von einem Wandteppich des Stuttgarter Künstlers Professor Wollner begrüßt. Auf ihm steht eine Zeile aus Hölderlins Gedicht »Der Neckar«: »In deinen Tälern wachet mein Herz mir auf zu leben.« Schon in Bonn war der Wandteppich zu einem Wahrzeichen geworden. Viele Bundestagsabgeordnete laden ihre Wähler nach Berlin ein, um ihnen zu zeigen, ›wie‹, ›was‹ und

›dass‹ sie in der Hauptstadt etwas ›schaffen‹. Im Allgemeinen bieten sie ihnen eine Besichtigungstour für Berlin an, bei der die Landesvertretung ein wichtiger Programmpunkt ist.

Außerhalb der täglichen politischen Arbeit möchte die Landesvertretung ein »Schaufenster des Landes« sein. Mit wechselnden Ausstellungen bietet sie ein Forum, Baden-Württemberg in seiner kulturellen und wirtschaftlichen Vielfalt in Berlin zu präsentieren. Regionen oder Industriezweige sollen Baden-Württemberg als eines der wirtschaftlich stärksten Bundesländer in der Hauptstadt darstellen. Seine kulturelle Vielfalt zeigt es mit Konzerten, Kunst-, Designausstellungen oder Modeschauen.

Die Politik macht keine Pause. Während der Veranstaltungen muss der Verwaltungsbetrieb ungestört weitergehen können. Die Büros sind auf zwei Etagen über den beiden Seitenschiffen des Gebäudes untergebracht. Sie sind an langen, zur großen Innenhalle offenen Fluren aufgefädelt, die der Architekt hinter zwei seitlichen Hallenwänden mit großen quadratischen Öffnungen versteckt hat.

Gelegenheiten zu einer gemütlichen Unterhaltung bieten eine »Badische Weinstube« und ein »Bierkeller«, die allerdings nur bei Veranstaltungen bewirtschaftet werden. Vielleicht hat das Dreiländereck den Architekten inspiriert, die »Badische Weinstube« dreieckig zu bauen. Gebrauchte Stühle aus Weinstuben, auf denen schon mancher Schwabe und Alemanne »verhockt« ist, bilden einen Teil des Mobiliars. Ein Kachelofen lässt Erinnerungen an eine Schwarzwaldstube wach werden. Hinterleuchtete Fotografien aus dem »Ländle« bieten einen Ausblick auf die Heimat. Im runden »Bierkeller« sitzt man natürlich an runden Holztischen. Die Wand ist mit »Ast-Eiche« verkleidet, deren Holz eine besonders lebendige Maserung hat. Mit »Weinstube« und »Bierkeller« zollt Baden-Württemberg alter Braukunst im Lande und seinen vielen bekannten Weingegenden Respekt. Sicher werden nicht nur die diplomatischen Nachbarn von nebenan kennenlernen, wie im »Weißen Haus« von Baden-Württemberg bei einem gemütlichen »Viertele« und »Schwätzle« ein »bissle« Politik gemacht werden kann.

Heimspielabende im Stadttheater

Kunst, Kultur und Architektur

Von der 14. Funkausstellung in Berlin übertrug 1937 der damalige »Reichsender Stuttgart« einen begeistert aufgenommenen Schwabentag. In Süddeutschland liefen die Rundfunkempfänger heiß. Willy Reichert war der Star der Sendung und schickte seinen schwäbischen Humor durch den Äther. Nach ihm kam lange wenig, manche meinen: nichts. In den sechziger Jahren brachte uns das Fernsehen Programme der politischen Kabaretts »Die Berliner Stachelschweine«, »Düsseldorfer Kommödchen« und der »Münchner Lach-und Schießgesellschaft« in die Wohnungen. Ein schwäbisches strahlte nicht vom Bildschirm. An baden-württembergischen Hochschulen bildeten sich zwar Studentenkabarette, doch der bekannteste »Polit-Clown«, Fritz Teufel aus Ludwigsburg, lebte und studierte in Berlin. Seine Bühne hingegen war der Gerichtssaal. Das »schwäbische Kabarett in der Diaspora« gründeten erst in den achtziger Jahren Berliner Exilschwaben: die »Schwabenoffensive«. Ihre Mitglieder nahmen den schwäbischen Alltag ihrer Erinnerung aufs Korn. Nach der Wiedervereinigung entwickelte sich Berlin zu einem Marktplatz der Kontakte für Film, Fernsehen und Theater. Viele Kulturschaffende profitieren davon, auch wenn sie nicht in Berlin auftreten oder vor der Kamera stehen. Auch baden-württembergische Künstler und Architekten tummeln sich auf der Berliner Bühne. Sich selbst in Szene setzen, wird zur großen Kunst. Die einen versuchen es an der Leinwand, die anderen mit der Steinwand, die einen machen Installationen, die anderen lassen installieren. Gemeinsam spielen sie eine Rolle im Berliner Großstadttheater, das überall, rund um die Uhr, die Grenzen zwischen Akteur und Publikum aufzulösen vermag.

Es ist nicht alles Stein, was glänzt

Häuslesbauer in der Hauptstadt

In Berlin schossen nach der Wiedervereinigung Bürogebäude wie die Pilze aus dem Boden. Botschaften, Hotels, ja neue Stadtviertel entstanden. Gründerzeithäuser, Stadtvillen und der Reichstag wurden entkernt und renoviert, Regierungsbauten hochgezogen. Auf den Bauschildern las man Begriffe wie »Rückbau« und »Herrichtung«. Eine auch für Turnierreiter geeignete Radrennhalle und ein wettkampftaugliches Schwimmbad wurden zwar rechtzeitig fertig, doch dann fand die Olympiade in Sydney statt. Für den Neubau des Lehrter Bahnhofs und seine unterirdischen Zuglinien wurde ein riesige Grube ausgehoben, die an den Braunkohleabbau in der Lausitz erinnerte. Das Brandenburger Tor blieb das Wahrzeichen der Stadt, aber Baustellen wurden typisch für sie. Die einmalige Situation Berlins nach der Wende lockte von überall Architekten an. Auch heute noch sind viele Baden-Württemberger darunter. Es heisst, in jedem Architekturbüro in Berlin säße ein Schwabe, das ist falsch, meistens sind es mehr.

Gegen Stuttgarter Glaswände

Der feierlichen Grundsteinlegung für die Akademie der Künste am Pariser Platz im Mai 2000 gingen lange Verzögerungen voraus. Immer wenn in Berliner Bauamtsstuben ein politisches Lüftchen drehte, durfte das Stuttgarter Architekturbüro von **Günter Behnisch** die Pläne wieder ändern. Der geborene Dresdener war nach dem Kriege einer der ersten Architekturstudenten in Stuttgart gewesen. Schon Anfang der fünfziger Jahre gründete Rolf Behnisch sein eigenes Büro in der schwäbischen Metropole. Er gilt als Vertreter einer Stuttgarter Architekturauffassung, die bevorzugt durchsichtige Stahl- und Glaskonstruktionen als gestalterische Elemente einsetzt. Das Parlamentsgebäude des deutschen Bundestages in Bonn zählt zu seinen zahlreichen Bauten. Sein ursprünglicher Entwurf für den Wiederaufbau der Akademie der Künste sah eine transparente Glasfassade vor. Die nach der Wende in Berlin propagierte »kritische Rekonstruktion« schrieb jedoch in

Anlehnung an die vorherige Bebauung eine Steinfassade vor, in der »Glas« nur zu einem Anteil vorkommen durfte, der dem Einbau üblicher Fenster entsprach. Zwei unterschiedliche Architekturauffassungen prallten aufeinander. Doch Windstärken und -richtungen ändern sich auch in Berlin. Für die letzte Planung, nach der gebaut wurde, konnte man sich nach langem Ringen auf eine durchsichtige Glasfassade einigen.

Gebaute Aktionsräume

Im Berliner Architekturbüro von Josef Paul Kleihues konnte der Fellbacher **Klaus Theo Brenner** seine im Studium erworbenen Kenntnisse in der Praxis überprüfen. Durch seine anschließenden Entwürfe für Bühnenbilder begann er, den städtischen Raum ähnlich einer Bühne als spontanen Aktionsraum zu sehen. Bestärkt wurde sein Eindruck durch das Leben auf der Straße, wie er es während seiner Architekturprofessur in Mailand kennenlernte. In mehreren Büchern stellte er seine Überlegungen zu Städtebau und Architektur zur Diskussion. Zurückgekehrt nach Berlin widmete sich Klaus Theo Brenner wieder dem Bauen. Neben der Errichtung mehrerer Wohn- und Geschäftshäuser und als Chefplaner der Wohnbebauung »Rummelsburger Bucht« ist der Name des Schwaben mit der Umgestaltung des »Hotels Berlin« am Lützowplatz und des Neubaus des »Hotels Astron« an der Leipziger Straße verbunden.

Die neue Mitte

Für die Bebauung des Areals Potsdamer Platz »auf freiem Feld« inmitten der Stadt waren zwar städtebauliche Richtlinien vorgegeben, doch die einzelnen Gebäude konnten von den beteiligten Architekturbüros frei entworfen werden. Mit der debis-Zentrale baute der italienische Architekt **Renzo Piano** mit dem badischen Architekten **Christoph Kohlbecker** ein Wahrzeichen des Ensembles. Weit sichtbar erfüllt das debis-Firmenzeichen, als grüner Würfel auf einem hohen Entlüftungsturm sitzend, die urbane Orientierungsfunktion einer Kirchturmspitze.

Das große Kino »Cinemaxx« am Potsdamer Platz ist in einem der drei Gebäude von **Ulrike Lauber** und **Wolfram Wöhr** untergebracht, die in München ihr Architekturbüro haben. Die Hessin als auch der Schwabe aus Weißenstein arbeiteten beide vor der Gründung ihres gemeinsamen Büros im Architekturbüro Richard Meier in New York.

Nach seinem Architekturstudium zog es den Stuttgarter **Steffen Lehmann** ins Büro des japanischen Architekten Arata Izosaki nach Tokio. Er kehrte 1993 zurück und machte sich in Berlin selbstständig. Bei der Erstellung des durch seine rötliche Steinfassade und wellenförmige Fensterfront auffallenden Neubaus der »Berliner Volksbank« arbeiteten beide wieder eng zusammen. Eines der nachfolgenden Projekte von Steffen Lehmann war das »Quartier an der Museumsinsel« am S-Bahnhof Hackescher Markt.

Eine helle Freude

Beim offenen Architekturwettbewerb zur Landesvertretung Baden-Württemberg war der Entwurf des Berliner Architekten **Dietrich Bangert** als erstplatzierter hervorgegangen. Mit anerkennendem Schmunzeln wurde zur Kenntnis genommen, dass der 1943 in Berlin Geborene einen Teil seiner Kindheit im baden-württembergischen Schopfheim im Wiesental verbracht hatte. Dietrich Bangert baute mit der Landesvertretung Baden-Württemberg ein hell und transparent wirkendes Gebäude, obwohl auf eine breite Glasfassade verzichtet wurde. Auf breiter Ebene wurde der Bau als gutes Beispiel moderner Architektur gelobt, als eine der schönsten der sechzehn Landesvertretungen der Bundesländer. In Berlin, das nach Meinung vieler mit seinen strengen Bauvorschriften bisher der Entwicklung einer auffallenden großstädtischen Architektur selbst im Wege stand, gilt die baden-württembergische Landesvertretung als eine zeitgemäße Weiterentwicklung der Ideen, die zu Beginn des letzten Jahrhunderts die Moderne in der Architektur einläuteten.

Der großzügige, trichterförmige Eingang mündet in ein helles Foyer im Erdgeschoss, das durch das ganze Gebäude zur dahinter liegenden Gartenterrasse führt. »Wir haben den Kubus nach den maximal möglichen Ausdehnungen in Länge, Breite und Höhe der damaligen Baugenehmigungen der Stadt Berlin ausgelegt, um innen so viel wie möglich Raum für Menschen und Veranstaltungen zu erhalten.« Das Nebenher von Verwaltung und Veranstaltung in einer Landesvertretung löste Bangert mit der Raumstruktur eines mehrschiffigen Sakralbaus, die einen zentralen Raum mit gleichzeitiger Nutzung der Kapellen in den Seitenschiffen bietet. Die Büros sind auf zwei Etagen über den beiden Seitenschiffen untergebracht. Sie sind an langen, zur großen Innenhalle offenen Fluren aufgefädelt, die durch zwei seitlichen Hallenwände mit großen quadratischen Öffnungen geschützt sind. Hinter ihnen huschen bei Veranstaltungen geschäftige »Schatten« der Landesvertretung vorbei. Im ersten Stock liegt ein Konferenzzimmer. Ihm gegenüber kann ein umglaster Patio betreten werden, der nach oben zum freien Himmel hin offen ist. So kommt das Wetter und das Tageslicht auf direktem Wege mitten ins Haus. Die Reduzierung der verwendeten Materialien auf grauen Granit, Kirschbaumholz und weißen Putz lässt eine ungestörte Wahrnehmung der vielfältigen, überlagerten Raumschichtungen zu. Das »Schaufenster« Baden-Württembergs ist selber zum Ausstellungsstück geworden, ein »Muss« nicht nur für alle baden-württembergischen Architekten.

Frisch aus der Diseuse

Gefühle, Lieder, Citynismus

»Ich stand in der Schlange, um mich in ein neuphilologisches Fach zu immatrikulieren, als ich plötzlich einen Schwächeanfall bekam«, so beschreibt **Martina Brandl** den Anlass, warum sie keine Sprachwissenschaften zu studieren begann. Nach dem Abitur war sie mit ihrem Freund aus Geislingen nach Berlin gekommen. Beide wollten zusammen wohnen und studieren, nachdem sie sich in der Musikszene kennen gelernt hatten. Er schrieb Lieder, Martina Brandl sang in einer Band. Als sie nach dem gescheiterten Immatrikulationsversuch nach Hause kam, hatte sich unmerklich etwas geändert. Sie weiß bis heute nicht genau, »was damals wirklich geschah«. Sie hatte das starke Bedürfnis, sich um ihre eigene Person, erst um ihr inneres Gleichgewicht zu kümmern und meldete sich bei einem Kurs für Stepptanz an. »Das Tanzen brachte mir wirklich wieder Boden unter die Füße, viel verdanke ich meinem Stepplehrer, der mich ermunterte, nicht aufzugeben.« Ein Jahr lang steppte sie auf dem Kurfürstendamm, den Hut auf dem Gehsteig, sammelte mühsam Geld und viel Erfahrungen im direkten Umgang mit dem Publikum. Mit gespieltem Schmerz im Gesichtsausdruck ergänzt sie: »Damals habe ich mir auf den harten Gehwegplatten die Knochen kaputtgetanzt.«

Mit dem Tanzen kam wieder die Lust am Singen. Martina Brandl nahm Gesangsunterricht. Mit Mario Eckardt übte sie das Lied »Für eine Nacht voller Seligkeit« von Marika Röck ein und trat am offenen Abend der »Scheinbar« auf. Nach einer Vorstellung kam eine unbekannte Frau auf sie zu und fragte, ob sie ein kleines Programm hätte und auf ihrem Geburtstag auftreten möchte. Martina Brandl bejahte spontan, obwohl sie nur das eine Lied konnte, ging nach Hause, wälzte Liederbücher, hörte Platten und übte, übte, übte. Pünktlich zur Feier konnte sie die Gäste mit einem Liederabend begeistern.

Die »Marika-Röck-Nummer« brachte ihr ein Engagement für das Musical »My Fair Lady« im Theater des Westens. Es folgten vier Jahre im Ensemble und die Teilnahme bei mehreren Musicals, darunter »Street Scene« und »Johnny Johnson«. Am großen Theater lernte sie hart und diszipliniert zu arbeiten, auch ihren schwäbischen Dialekt bis auf eine minimale Färbung zu vertuschen, dessen tiefer Vollton jedoch nach der Vorstellung wieder durchschlägt.

Parallel zu den Engagements am Theater des Westens machte sie sich mit Soloauftritten in der Berliner Kleinkunstszene einen Namen, rief mit Mario Eckardt das »Cabaret Kebab« ins Leben, das mit seiner »Döner Schau« bekannt wurde. Die Szenen und Gesangsnummern spielten in einer türkischen Imbissbude. Als wieder ein Anruf wegen einer Musicalteilnahme kam, sagte sie ab. Ihre eigene kleine Schau war Martina Brandl wichtiger als das große Glitzern geworden

Mitte der neunziger Jahre begann die langjährige, enge Zusammenarbeit mit dem Pianisten Martin Rosengarten, der viele ihrer Texte vertonte. In ihren ersten gemeinsamen Programmen schlüpfte sie in die Rolle einer »Publikumsbeschimpferin«, die mit ihrem aggressiven Witz unverblümt auf die Leute losging und Lieder mit dem schwärzesten Humor in der Stadt sang. Als Martina Brandl das Gefühl bekam, immer mehr auf diese »Marke« festgelegt zu werden, löste sie sich mit »Nur keine Angst« vom Stil ihrer vorherigen Programme.

Ihre selbst verfassten Moderationen sind noch immer voller Sarkasmus, Gesten und Mimik von genauer Karikatur, ihre Lieder voll skurrilem Witz. Doch ist der schnelle Comedy-Gag einem ernsten Humor gewichen, mischen sich ruhige, nachdenkliche Lieder ins Programm. »Ich möchte, dass die Leute sich gut unterhalten, lachen, aber auch die Echtheit spüren, die Authentizität. Alles, was ich erzähle und singe, ist wahr, habe ich erlebt. Ich möchte, dass mein Publikum den Menschen sehen kann, der hinter den Texten, den Liedern, der Schau steckt«, begründet Martina Brandl ihr künstlerisches Anliegen. Wenige Lieder über ihre Empfindungen als Frau hatten genügt, die »Frauenschublade« aufzuziehen, »obwohl die meisten Lieder von anderen Dingen handeln, dem Leben, meinem Leben in der Stadt.« Deutlich wird dies im »Liebeslied an Moabit«, in dem sie schwärmerisch, in pathetischem Musicalstil den Stadtteil Moabit besingt, dabei die sozialen Probleme ihres Kiezes aufzählt. Würde das Lied nicht so treffend die soziale Wirklichkeit umreißen, könnte daraus eine Berlin-Hymne werden. So bleibt es eine ganz persönliche, leidenschaftliche und bittere Liebeserklärung an den Stadtteil. Geschrieben und gesungen von einer Frau, die aus einer schwäbischen Kleinstadt nach Moabit zog und jetzt dort zu Hause ist.

So ein Zirkus!

Von der Clownin zum Serienstar

»Meine Mutter hat alles in Serie gekauft und dann verteilt. Wir waren sieben Kinder, so gab es keinen Streit«, erzählt **Franziska Traub** von ihrer Kindheit in Waiblingen. Im elterlichen Bekleidungsgeschäft sprang sie als Kind mit ihren Geschwistern um den Ladentisch herum. Vielleicht liegt darin der Grund, warum sie sich als Schauspielerin in Dienstleistungsrollen wiederfand. Und auch in Serien, allerdings jetzt im Fernsehen. Ihre internationale Karriere könnte in knappen Worten zusammengefasst werden: von der bayerischen Kellnerin zur schwäbelnden Kassiererin.

Ihre Berufsausbildung erlernte sie an der Schauspielschule in Bern. Bevor sie sich für die Schauspielerei entschied, schwankte sie zwischen Krankenschwester, Opernsängerin und Clown. Was lag also näher, als nach der klassischen Ausbildung zur Schauspielerin das Engagement an einer Bühne zu meiden, sondern mit einer kleinen Zirkustruppe neuen Stils durch die Schweiz zu tingeln.

Von der kleinen Truppe wechselte sie zum Varieté »Panem et Circensis«, von da zu Hans-Peter Wodarz weltbekannten Feinschmekker-Zirkus »Pomp, Duck and Circumstance«. Höhepunkte waren die Aufführungen während der Olympiaden in Barcelona und Atlanta. Während der Galadiners unterhielten die Schauspieler als »schräges« Personal die Gäste mit Comedy, Artistik und Clownerien. Franziska Traub schlüpfte in die Rolle der Kellnerin »Rosa Pommeli«, die als schusselige Bedienung den Laden durcheinander brachte.

Nach ihren Zirkuswanderjahren suchte sie in Berlin eine feste Bleibe. Aber »Rosa Pommeli« ließ sie nicht los. Mit dem Düsseldorfer Reiner Schalowski als »Hausmeister« reanimierte sie die Figur als »Putzfrau«. Sie veranstalteten Jahreshauptversammlungen des fiktiven »Vereins für Ordnung und Sauberkeit«. In den vollen Saal wartender Vereinsmitglieder, deren Rolle auf die Zuschauer übertragen wurde, verirrten sich der Hausmeister und die Putzfrau und brachten den Vereinsabend zum Kippen. »Rosa Pommeli« war aufgrund ihrer Berufsfortbildung nun vielseitig einsetzbar, bediente

oder putzte bei zahlreichen Galaveranstaltungen, Messen oder Firmenfeiern.

Im Berliner Varieté »Chamäleon« brillierte Franziska Traub in »Der Kuhnle Clan« als schwäbische Cousine des Komikers Otto Kuhnle, die überraschend in seine Artistik- und Zaubervorstellung platzte. Franziska Traub spielte in dieser clownesken Rolle wieder wie im Zirkus direkt zwischen dem Publikum, aber zum ersten Mal konnte sie als schwäbische Pomeranze sprechen, wie ihr der Schnabel gewachsen war.

In der Fernsehserie »Ritas Welt« schlüpfte Franziska Traub in die Rolle von »Gisela Wiemers«, der Kollegin und besten Freundin von »Rita«, gespielt von Gaby Köster. Beide saßen an der Kasse in einem Supermarkt und klimperten nicht nur mit dem Geld, sondern bei männlicher Kundschaft auch heftig mit den Augenlidern.

Für die Dreharbeiten musste Franziska Traub vorübergehend Berlin verlassen, aber es machte ihr großen Spaß in einem »klasse Kollegenkreis eine Figur über längere Zeit zu entwickeln, sich mit ihr auseinander zu setzen, sie kennen zu lernen, sie immer mehr zur Wirklichkeit werden zu lassen.« Der Regisseur Uli Baumann ließ sie in »Ritas Welt« dezent schwäbeln. In den Drehpausen konnte es allerdings passieren, dass den lieben Kollegen ein Gespräch zwischen Regisseur und Schauspielerin chinesisch vorkam; wie es sich für Norddeutsche halt anhören kann, wenn sich zwei Schwaben aus dem Remstal unterhalten.

Brot und Singen

»Schall und Hauch«

Hätte er damals schon gesungen, wären ihm die Töne im Halse stecken geblieben. »Nach meiner Ankunft in Berlin erlebte ich erst mal einen Brotschock«, erinnert sich **Michael Hess**, der Schreck spiegelt sich noch heute in seinen Augen. Was sich nach heftiger Allergie oder bedrohlicher Lebensmittelvergiftung anhört, entlarvt er im nachfolgenden als schwäbisches Problem in Berlin: »Backen, das können sie hier nicht.«

Nachdem er Anfang der neunziger Jahre vom »Backparadies« Stuttgart ins »brotarme« Berlin wechselte, verdiente er sich seine tägliche Schrippe zunächst mit dem aufwendigen Restaurieren von Möbeln. Der gelernte Werbeschaugestalter aus Köngen arbeitete stundenlang in seiner Werkstatt, reparierte Schränke, Tische, Stühle und tüftelte kunsthandwerkliche Holzobjekte aus. Ab und zu griff er nach seiner Geige, um musikalisch nicht aus der Übung zu kommen.

Er lernte in Berlin den Brasilianer Sady Augsburger kennen, der sich nach seinem Musikstudium mit kleinen Engagements und als Klavierlehrer über Wasser hielt. Auf einer Party spielten und sangen sie zum Spaß ein paar alte Schlager und Lieder aus der Mottenkiste. Den Nachfragen im Bekanntenkreis nach weiteren Konzerten kamen sie gerne nach. Sie stöberten in ihrem großen Schallplattenarchiv, suchten nach Liedern von den Twenties bis zu den Sixties und erweiterten ihr Repertoire. Michael Hess hatte schon seit Jahren Freude an alten Schlagern und sich ein fundiertes Wissen angeeignet. Er nahm Gesangsunterricht. »Ich habe in Berlin mit Singen begonnen, erst mit sechsundzwanzig«, sagt er und scheint dabei über sich selbst erstaunt zu sein. Ihr erstes öffentliches Konzert organisierten sie in einer »Kneipe um die Ecke« in Moabit. Seither firmiert das Duo unter dem Namen »Schall und Hauch«.

»Tagsüber Schellackpolituren und abends singen« passte nicht mehr zusammen. Michael Hess gab seine geliebte Holzwerkstatt ab und wurde Sänger. Seine Freude an ironischen Texten und Wortspielereien kommt in den wortwitzigen Texten zum Ausdruck, die er zu den Melodien bekannter Schlager singt.

Eines der Programme von »Schall und Hauch« heisst »Frack-Würdigkeiten«, zum einen weil sie beide im Frack auftreten, zum anderen weil sie die »Würde von Fräcken« in Frage stellen. Michael Hess hilft dabei sein schwäbischer Akzent, der es ihm leicht macht, der »Gelacktheit« seiner befrackten Bühnenfigur einen Kratzer zu verpassen. »Schall und Hauch« parodiert die Nostalgie auf den Kleinkunstbühnen, deren Sänger das Lied »Mein kleiner grüner Kaktus« zur Hymne erkoren haben. Wohlwissend, dass sie selbst erfolgreich auf der Welle mitschwimmen.

Wenn es die Zeit erlaubt, fährt das Duo nach Brandenburg aufs Land. Michel Hess muss nach seinem Wochenendhaus schauen und den Garten pflegen. Er fährt auf sein »Gütle«. Dabei musste er sich als Hobbygärtner vom schwäbischen Humus auf märkischen Sand umstellen. Nicht jede schwäbische Pflanze gedeiht auf diesem Boden und »vor allem beim Gießen merkt man es, das Wasser versickert sofort«. Da würde sich ein kleiner Kakteengarten empfehlen, ein »Steingärtle«. Aber ohne einen Nutzgarten um das Haus herum kann ein Schwabe einfach nicht leben. Und ein »Backhäusle« hinterm Haus käme der Verwirklichung eines himmlischen Traums gleich!

Monica aus Slawice

Dialektwunder
und Schauspielerin

»Meine Karriere begann gewissermaßen im Beichtstuhl«, gesteht **Irene Rindje**, »dort lernte ich mich verstellen.« Lachend fügt sie hinzu, dass sie über »die Religion zum Schauspiel« gekommen sei. Nach ihrer Schulzeit in Ludwigsburg tauschte sie ihre kirchliche Kleinbühne mit Münchner Hörsälen für Phonetik und Theaterwissenschaften. »Ich dachte, das hat was mit Theater zu tun, aber das Theater fand woanders statt«, schildert sie ihre Enttäuschung. Sie schloss sich Straßentheatergruppen an, jobbte als Briefträgerin und Kosmetikberaterin. Nebenher nahm sie Sprech-, Gesangs- und Tanzunterricht. Mit einer Schauspielausbildung und einer breiten Improvisationserfahrung aus dem täglichen Theater des Lebens kam sie Anfang der achtziger Jahre nach Berlin. »Wegen der Liebe zu meinem Mann!«, bekennt sie freimütig.

In Berlin schloss sie sich der Theatergruppe »Freispiel« an. Von Günter Brombacher vom Theater »Rote Grütze« wurde sie bei einer Aufführung für eine Hauptrolle in der Fernsehserie »Hoffmanns Geschichten« des SDR in Stuttgart entdeckt. Nebenher spielte sie in Berlin in verschiedenen Off-Theatergruppen. Mit Werner Strahl feierte sie im Mehringhof-Theater Erfolge als schwäbisches Rentnerehepaar, zur gleichen Zeit trat sie mit dem Theater Strahl vor Kindern auf.

In der Theatergruppe »College of Hearts« liess sie ihre Mezzosopran-Stimme in den Musicals »Ergüsse« und »Lothar ich liebe dich« erklingen. Mit Thomas Pigor des Duos »Pigor & Eichhorn« stellte Irene Rindje als Eigenproduktion »Wir um 30« auf die Beine, und zusammen mit Benedikt Eichhorn das Programm »Hot Line«.

Im Fernsehen und in Spielfilmen ist ihr komödiantisches Talent gefragt. Sie kann fließend zwischen hochdeutsch, schwäbisch, berlinerisch, fränkisch, bayrisch, wienerisch, sächsisch, kölsch und phantasie-slawisch wechseln. In den Namenslisten von Kinofilmen wie »Rossini« oder »Waschen, Schneiden, Legen« taucht ihr Name ebenso auf wie in der Fernsehserie »Die Schule am See«. Einem breiten Publikum wurde Irene Rindje als »Monica« aus Slawice in der Sen-

dung des Fernsehsenders RTL »Zimmer frei!« bekannt. Sie spielt eine Putzfrau aus einem osteuropäischen Land, die prominente Studiogäste in spontan gespielte Szenen verwickelt. Schnell hatte sich unter den Fernsehzuschauern ein Fanclub »Monica« gebildet. In Schwäbisch spielt sie seit längerer Zeit nicht mehr, weil die Mundart »im Fernsehen nicht gefragt ist.« Fast alles wird zur Zeit in Hochdeutsch gedreht.

Sie beginnt in unverfälschtem Schwäbisch über die feinen Ausdrucksmöglichkeiten ihres Dialektes zu schwärmen, die Außenstehenden verschlossen bleiben. »Wer nur hochdeutsch spricht, tut mir doch leid«, sagt sie im Tonfall einer Beichte. War dies glaubwürdig?

In Berlin ausstellen

Ein großes Kunstschaufenster

Im zweiten Hinterhof führt der Weg durch den Eingang des ehemaligen Stanzwerkes in das Atelier von **Frank Zeidler**. Seit Jahren malt der Ulmer in der Fabriketage seine Bilder. In den späten siebziger Jahren zum Kunststudium nach Berlin gekommen, gehörte er in den achtziger Jahren zu der Generation der »Jungen Wilden« aus Berlin. Die Berühmtheit der Künstlergruppe vom Moritzplatz, die den Begriff als Kunstmarke in die Welt setzte, erreichte er jedoch nicht. Von den grellfarbigen Bildern dieser Zeit ging sein Weg zu Gouachen, großformatigen Bleistiftzeichnungen und Malereien, bei denen Schwarz, Weiß und Grau überwiegen.

Große, flächige Formen, die Farben pastös, mit Sand vermischt aufgetragen, mit dem Pinselstiel illustrative Zeichnungen von Tieren oder menschlichen Figuren eingekratzt, verlangen vom Betrachter eine längere Auseinandersetzung mit den Bildern, wie sie in der heutigen visuellen Reizwelt von vielen erst wieder erlernt werden muss.

»Ich finde schon, dass ich Bilder male, die mit meinem Leben in Berlin, in der Großstadt, zusammenhängen«, sagt Frank Zeidler. Sein Blick geht über die aufgestellten Bilder, die mit dem gegenwärtigen Klischee des Zeitgeistes Berlins, wie es in Life-Style-Illustrierten dargeboten wird, nichts gemein haben. Kein Wunder, dass ihn die überschäumende Brandung der Berliner Galerien- und Kunstmessenwelle der neunziger Jahre nicht erfasste.

Besonders die neuen Galerien in der Auguststraße im Stadtteil Mitte, von denen einige nach der Wende in baufälligen Läden oder Hinterhofwerkstätten begannen, trugen zum Ruf Berlins als kommende europäische Kunststadt bei. Sie vertreten neue Kunstauffassungen, die sich mit veränderter Wahrnehmung durch die neuen Medien, Formen eines Neo-Dadaismus, Kunst-Installationen oder subjektiver Reflexion des Alltäglichen auseinandersetzen. Ausstellungen großformatiger Fotografien mit banalen Motiven wenig repräsentativer Ecken Berlins, aufgebaute Wohnlabyrinthe voll mit Kitsch und persönlichen Reliquien, oder eine mitten in die Galerie

installierte Sitztoilette mit funktionierender Wasserspülung haben viel Aufmerksamkeit gewinnen können. Die internationale Kunstszene kann an den zeitgenössischen Kunsttendenzen in Berlin nicht vorübergehen. Als Drehscheibe zwischen Ost und West und als multikultureller Schmelztiegel ergeben sich in Berlin Synergien, wie sie in Europa nur noch in London zu finden sind.

Als Berliner Kunstschaufenster wurden von einem Zusammenschluss Berliner Galerien und Ausstellungsmachern die Berliner Kunstmesse »art forum« und die »Berliner Biennale« ins Leben gerufen. Sie ergänzen das Bild einer kunstschaffenden Metropole mit dem Image einer umtriebigen Kunsthändlerstadt. Ersichtlich wird dabei das breite Spektrum der Berliner Galerien, die von den Anfängen der Moderne bis zur heutigen »Trash-Art« alles bieten können.

Frank Zeidler war auf der Kunstmesse mit einer großen Bleistiftzeichnung auf dem Stand seiner Berliner Galerie Inga Kondeyne zu sehen. Ausser in Berlin stellte er in Westdeutschland aus, auch in Leipzig, aber, »verkaufen tu ich nach Süddeutschland, dort sitzen meine Sammler, auch Leute, die mal eine kleinere Sache kaufen, weil sie ihnen gefällt.« Der Eindruck, in Berlin gäbe es viele Galerien, aber wenig Sammler, bestätigt Frank Zeidler, »es ist mir ein Rätsel, wie viele Galerien in Berlin überleben. Aber für die Biografie ist eine Ausstellung in Berlin sehr gut, egal wo.« Zumindest auf dem Kunstmarkt ausserhalb Berlins können Künstler vom Hauptstadtbonus profitieren.

Zwischen Tönen

Chanteuse des Vertraulichen

»Wenn ich in einem Konzert auch nur einen einzigen Menschen erreiche, hat sich der Aufwand gelohnt«, sagt **Tanja Ries** mit ihrer leisen, weichen Stimme, »ich möchte Menschen zueinander führen, Räume schaffen, Künstler zusammenbringen.« Fünf Jahre gelang der Pforzheimerin diese Kunst jeden Sonntag in »Tanjas Nachtcafé«.

Mit wechselnden Künstlern stellte sie Programme zusammen, bot ihnen die Möglichkeit, in kleinerem Rahmen aufzutreten. Sie machte die Ansagen und sang ihre eigenen Chansons. »Wenn jemand nur zwei wunderschöne Lieder singen kann, hat er normalerweise keine Chance, vor Publikum aufzutreten. Ich gab sie ihm«, erklärt sie ihre einfache Idee, »allerdings nicht jedem, es musste mir gefallen, und ich musste mich mit ihm persönlich verstehen.« Die menschlichen Zwischentöne sind Tanja Ries so wichtig wie ein schönes Lied.

Seit Jahren arbeitet sie mit denselben Musikern und Technikern zusammen. Langjährige Freunde und Kolleginnen, wie Martina Brandl, wurden zu engen Mitarbeitern und Beratern. Wenn sie gefragt wird, was sie als nächstes Projekt plant, beginnt sie die Antwort mit einem selbstverständlichen »wir«.

Anfang der neunziger Jahre zog sie nach Berlin, wohnte eine Zeit lang in einem besetzten Haus, ging aber wieder zurück nach Pforzheim und arbeitete als Büroangestellte. Doch Berlin ließ sie nicht los. Sie kehrte zurück, suchte sich eine kleine Wohnung in Berlin-Mitte, jobbte als Modell, als Kellnerin, nebenher nahm sie Gesangsunterricht.

Berlin, vor allem die neue Szene im Stadtteil Mitte, faszinierte sie, »weil hier alles möglich war.« Mit dem Konzept »Nachtcafé« im Kopf, ging sie in den Szene-Club »Bunker« und sagte den Leuten da, »ich habe eine Idee, ich möchte was Neues machen, und die sagten einfach okay.« So fing es an. Nachdem der »Bunker« schloß, zog sie mit ihrem »Nachtcafé« ein paar Straßen weiter in den Club »Kalkscheune«. Anfänglich sang sie Lieder anderer Sänger, spürte aber bald eine Unzufriedenheit mit den Gesangstexten. Sie begann ihre

eigenen Texte zu schreiben, fand mit den Musikern Sonny Thet und Florian Grupp kongeniale Partner, die bisher ungehörte Klänge der Chansonbegleitung in die Arrangements einfließen lassen. Mit ihren Liedern, die tief von ihrem eigenen Erleben erzählen, führt sie die Zuhörer auf eine Reise der seelischen Spannungen und Zerreißproben, kann mit ihrer spürbaren Direktheit und Ehrlichkeit über Gefühle singen, ohne eine künstliche Dramatik zu benötigen.

Tanja Ries spricht ohne süddeutsche Färbung. Ihre Verbundenheit mit dem Badischen sieht sie weniger in der Aussprache, als in einem gemeinsamen Humor, der sich über Dialekt entwickeln kann. »Dazu muss man nicht Dialekt sprechen, und trotzdem ist er irgendwie wahrnehmbar«, denkt sie darüber nach, dass in ihrem Team und unter ihren Freunden viele Badener zu finden sind.

Die Titel ihrer CDs »Ein vertrauliches Konzert, 1997« und »Kurz bevors geschah, 1999« weisen auf ihren künstlerischen Anspruch hin, ihren Zuhörern Geschichten erzählen zu können, die berühren. In ihrem Programm »Nahweh« greift Tanja Ries als Thema den »Schmerz der Nähe« auf, der eng mit dem Fernweh verbunden sein kann. Heimweh nach Pforzheim verspürt sie kaum, eher manchmal eine Heimsehnsucht. Das Leben in Berlin hat sie vom badischen Alltag weit entfernt, wie die Pforzheimer mit den »neuen Berliner Chansons« der »Tochter der Stadt« wenig anzufangen wissen. Nach einem Konzert in ihrer Heimatstadt hatte sie leider den Eindruck »niemand erreicht zu haben«. Eine Pforzheimer Tageszeitung druckte einen Verriss ihres Konzertes. Vielleicht ein Beleg dafür, dass sie jetzt in der Großstadt lebt, fühlt und schreibt. In Berlin funkelt Tanja Ries mit ihren Konzerten wie ein geheimnisvoller Stern zwischen den künstlichen Großstadtlichtern. Mit ihrem Strahlen hat sie schon viele andere Künstler ins rechte Licht gesetzt, die jetzt mit eigenen Programmen auftreten. Tanja Ries praktiziert Kulturförderung nicht mit Geld, sondern mit einer von haushaltstechnischen Jahresetats unabhängigen Menschlichkeit: lächelnd, erzählend und singend.

Der Kuhnle Clan aus Neukölln

KOK – Komiker Otto Kuhnle

»Ich bin Diplom-Artist«, grinst **Otto Kuhnle**, »an der Schauspiel- und Artistenschule Etage in Kreuzberg war ich einer der ersten Schüler.« Nach seinem Studiumversuch zum Lehrer für die Fächer Musik und Deutsch kam der Schwäbisch Gmünder 1982 nach Berlin. Ganz weg ist er davon nicht gekommen, in seinen Programmen wird viel musiziert und gesungen. Nach seiner Ausbildung ging er erst als Straßenkünstler auf die Walz. Seine Erfahrungen, die er sich beim Straßentheater erwerben konnte, nützten ihm bei seinen Auftritten im Berliner Kinderzirkus Tempodrom. »Kinder reagieren ganz direkt«, erklärt Otto Kuhnle, »du musst sofort auf Zwischenrufe eingehen.« Mit befreundeten Artisten gründete er 1984 das »Trio Blamage«, bestehend aus einem Hessen, Rheinländer und einem Schwaben. »Wir wollten völkerverbindend wirken«, kommentiert Otto Kuhnle ironisch die Zusammensetzung. Bis 1996 bestand das Trio, trat in den bekannten, großen Revuen des Tempodrom auf und tourte durch Deutschland. »Dann wanderte unser Rheinländer nach Sansibar aus«, begründet er die Auflösung des Trios.

Besonders gerne erinnert sich Otto Kuhnle an die Russlandtourneen. In Zusammenarbeit mit einer russischen Umweltorganisation zur Rettung des Baikalsees organisierte er 1988, 1989 und 1994 Gastspiele und Tourneen mit mehreren europäischen Künstlern und Gruppen. Sie führten nach Russland, Sibirien und in die Mongolei. Unter einfachen Bedingungen wurde gereist und gespielt. Als Unterkunft diente unter anderem ein Zeltlager im Gorki Park. Die Schirmherrschaft teilten sich der russische Außenminister Schewardnaze und Ministerpräsident Michail Gorbatschow. Der bekannten Zeitung »Prawda« war der Besuch eine Titelgeschichte wert.

Seine zirzensische Ader konnte er als Schauspieler in dem Film »Die Gebrüder Skladnowski« von Wim Wenders in einer Rolle als Zirkusdirektor zum Tragen bringen. Ein paar Jahre vorher hatte er schon in dem berühmten Film »Der Himmel über Berlin«, ebenfalls von Wim Wenders, mitgespielt. Mit dem österreichischen Kabaret-

tisten Josef Hader trat er im Programm »Nachtaktive Säugetiere« 1999 im BKA-Zelt auf dem Schloßplatz auf. Im selben Jahr stellte er sein erstes, rein schwäbisches Projekt vor: »Der Kuhnle Clan«. Mit der in Berlin lebenden Schauspielerin Franziska Traub aus Schorndorf brachte er eine »abgetakelte, schwäbische Familie« auf die Bühne.

Wie er selber schmunzelnd formuliert, ist Otto Kuhnle als Conférencier und Komiker »vielseitig verwendbar«. Fernseherfahrung sammelte er beim Sender Pro7 als Komiker in der Serie »Comedy Factory«. Als Moderator bei der internationalen Sprachenshow während der Expo 2000 konnte er dem schwäbischen Akzent zu weltweiter Bekanntheit verhelfen.

Hatte er lange Jahre auf der Bühne kein Schwäbisch gesprochen, gleichwohl seine Herkunft nicht zu überhören war, interessiert er sich inzwischen immer mehr für seinen schwäbischen Dialekt, seine Identität, für die »Sprachgestik, mit der ich groß geworden bin. Sie verrät die Inhalte, mit denen man aufgewachsen ist«, sagt der Komiker Otto Kuhnle ernst und nachdenklich.

Kabarett in der Diaspora

»Die Schwabenoffensive«

Es war ein verschneiter Wintertag im Dezember 1988. Exil-Schwaben füllten das Kino Eiszeit in Kreuzberg bis auf den letzten Platz. Dicht gedrängt warteten sie gespannt auf die Uraufführung von »Komm du bloß hoim!«, dem ersten Programm der »Schwabenoffensive«. Niemand konnte sich unter einem schwäbischen Kabarett etwas vorstellen, aber im Vorfeld hatte man im »schwäbischen Dorf« von Berlin schon etwas läuten hören. Das Publikum war in freudiger Erwartung.

Die Schauspieler **Albrecht Metzger**, **Johann Jakob Wurster** und **Susanne Scholl** fieberten hinter der Bühne dem großen Moment entgegen. »Und dann kam da einer raus auf die Bühne, stellte sich vor die Leute hin und sprach schwäbisch, breites Schwäbisch, hier in Berlin, auf einer Bühne vor dem Publikum, das hatte es vorher noch nie gegeben!«, schildert Albrecht Metzger den Augenblick der Wahrheit, »und es funktionierte!«

Die »Schwabenoffensive« spielte in den folgenden Monaten in fast allen Berliner Off-Theatern, aber die Feuerprobe stand noch aus: wie würden die Schwaben im Schwabenland reagieren? Das erste Gastspiel der »Schwabenoffensive« im Theaterhaus in Stuttgart »wurde zum Mega-Erfolg«, so Johann Jakob Wurster, »das Echo schlug zurück nach Berlin, ab da wurde Berlin zum echten Heimspiel für uns.«

Bei den Proben musste Susanne Scholl erst wieder Schwäbisch üben. Zwar war sie in Sindelfingen aufgewachsen, aber zuhause wurde nicht schwäbisch gesprochen: »Zu Hilfe kam mir, dass ich als Kind immer meine schwäbische Kindergärtnerin nachgemacht habe. Und meine Mutter hat mit mir zum Spaß schwäbische Marktszenen gespielt.« Nach ihrer Ausbildung zur Schauspielerin an der Staatlichen Hochschule in Stuttgart spielte sie an Theatern in Karlsruhe, Frankfurt und ab 1986 in Berlin. Am Badischen Staatstheater Karlsruhe trug der Regisseur ihr an, im Stück »Turandot« die Zofe zu spielen und einen schwäbischen Monolog zu halten. »Die Leute waren begeistert. Und damals merkte ich plötzlich, Schwäbisch sprechen, das tut mir gut«, schildert Susanne Scholl ihr schwäbisches Coming-Out. Als sie gefragt wurde, ob sie bei der »Schwabenoffensive« mitspielen möchte, musste sie nicht lange überlegen. »Die Schwabenoffensive, diese ganze Auseinandersetzung mit dem Schwäbischen, hat mich im Laufe der Jahre irgendwie zur Schwäbin verwandelt, hier in Berlin«, staunt sie rückblickend. Bevor sie heute ins Synchronstudio geht, muss sie wieder Hochdeutsch üben.

Auch Johann Jakob Wurster war in Schwäbisch Gmünd »zweisprachig« aufgewachsen. Schon kurz nach seinem Schauspielstudium bekam er Rollen in Kino- und Fernsehfilmen. Eher zufällig stieß er zur «Schwabenoffensive«: »Eigentlich war es mehr ein Joke, so für einmal, für eine witzige Idee. Dass daraus sechs Jahre werden würden, war damals völlig unvorstellbar.« Bei den Proben tauchte ein kleines Problem auf: »Ich musste erst mal schwäbisch sprechen lernen, verstehen konnte ich es allerdings schon von Kind auf.« Wurster führt den Erfolg der »Schwabenoffensive« auf das »Theatrale« zurück, »es war theatralisch gespieltes Kabarett«. Nach seiner Meinung bietet der Dialekt die Möglichkeit, auf der Bühne »Sachverhalte zu erzählen, die in der Hochsprache längst abgegriffen sind.«

»Wir machten etwas für die schwäbische Diaspora in Berlin«, bringt Albrecht Metzger die ursprüngliche Idee auf den Punkt, »damals war eine besondere Situation in Berlin, die Insellage, die alternative Kultur, alles ging, alles war möglich.« Er schrieb die meisten Szenen und war über Jahre hinweg die treibende Kraft der »Schwabenoffensive«. Der gelernte Buchhändler und spätere Dokumentarfilmer fand über das Berliner Theater »Rote Grütze« zur Schauspielerei. Er war der einzige »echte« Schwabe, aufgewachsen in einem Dorf bei Stuttgart. Die Auseinandersetzung von Freud und Leid seiner Jugend bildete den inhaltlichen Hintergrund der »Schwabenoffensive«. »Das war nur aus der Distanz, aus der Ferne hier in Berlin möglich«, reflektiert er. Dass bei aller kabarettistischer Kritik auch eine Zuneigung zur Herkunft zum Ausdruck kam, traf genau die Empfindungen vieler Schwaben.

Über sechs Jahre tourte die »Schwabenoffensive« mit verschiedenen Programmen durch Deutschland. Als sich die Truppe endgültig auflöste, ging Albrecht Metzger mit einem schwäbischen Solostück »Dr Bomberschorsch« erfolgreich auf Tournee. Für das Fernsehen macht er wieder Dokumentarfilme, kann sich aber vom schwäbischen Kabarett nicht gänzlich verabschieden. Als »Dr Brautvater« tritt er bei Festen und Feiern auf.

Unternehmungen in Berlin

Eine rein zufällige Auswahl

Immer weniger denken bei Internet an nette Inder, bei E-Mail an Kochtöpfe und bei Browser an Limonadenhersteller. Die neuen Begriffe der modernen Kommunikationsmedien werden allgemein verständlicher. Alte Redewendungen leben als ausdruckstarke Metaphern weiter. »Ich habe den Hörer auf die Gabel geworfen« hört sich weitaus drastischer an als ein neuzeitliches »Ich habe vor Wut das Knöpfchen gedrückt.« Über Computer haben neue deutsche Wörter Verbreitung gefunden: »anklicken« zum Beispiel. Eine große Anzahl Firmen kümmert sich nur darum, dass mit einem kurzen »Anklicken« die Welt über Internet auf dem Bildschirm erscheint.

In Deutschland gilt Berlin als Mekka der »Start-ups«, der Unternehmen, die als Produktionsmittel nur eine Idee, einen Computer und eine Telefonleitung benötigen. Ganz anders verliefen in den achtziger Jahren die Gründungen von Handwerks-Kollektiven in Kreuzberg: zusammen wurden Maschinen finanziert, wurde getischlert, geschweißt, gemauert und der magere Gewinn geteilt. Einige Kollektive bestehen noch heute, aus manchen sind anerkannte Handwerksbetriebe hervorgegangen.

Wo Gebäude entstehen, sind schwäbische Bauunternehmen nicht weit. Über ihre Hauptstadtbüros können Berliner die Erfahrungen der »Häuslesbauer« nutzen. Am Himmel über Berlin leuchtet als neues Sternbild das schwäbische Dreigestirn von Banken, Versicherungen und Baufirmen. Kaum ein großes Unternehmen, das nicht in der Hauptstadt eine Außenstelle eingerichtet hat. Parallel zum Regierungsumzug haben Berufs- und Interessenverbände ihre Quartiere bezogen und pflegen die »politischen Landschaften«. Voller Vertrauen beauftragen sie schon während der Keimphase PR- und Eventagenturen für die Ausrichtung vorgezogener Erntedankfeste.

Verlage, Werbeagenturen, Designbüros und Filmproduktionsfirmen festigen den neuen Ruf Berlins als kreative Drehscheibe in Deutschland und der Mitte Europas. Die originelle Image-Kampagne des Landes Baden-Württemberg mit dem Slogan »Wir können alles. Außer Hochdeutsch.« wurde im Berliner Büro einer Hamburger Werbeagen-

tur von einem Schwaben entworfen. Neue, helle Restaurants und Cocktailbars im Stadtteil Mitte locken Künstler und Schauspieler aus den dunklen Kneipen in Kreuzberg, rheinische Wirte importieren Karneval, und adelige Damen organisieren in neu erbauten Hotels alten Stils exklusive Wohltätigkeitsbälle. »Machen, einfach nur machen« heißt das Zauberwort. Neben neu erbauten Büropalästen werden Nischen zu Plattformen für Senkrechtstarter. »Anything goes«, wer eine zündende Idee hat, kann aus der Berliner Mauerasche direkt an die Börse fliegen. Es muss nur zum richtigen Zeitpunkt »Klick« machen.

Wir können alles. Auch schwäbisches Hochdeutsch.

Neues Image für Baden-Württemberg

Als Baden-Württemberg plante, das neue Jahrtausend mit einer Imagekampagne zu beginnen, die das Land im Südwesten auch als internationalen Wirtschaftsstandort empfehlen sollte, schrieb es im »Staatsanzeiger für Baden-Württemberg« einen offenen Wettbewerb für Werbeagenturen in Deutschland aus. Von den rund vierzig Teilnehmern wurde durch eine Jury, die sich aus Vertretern des Landes, Politik, Wirtschaft und Werbung zusammensetzte, die Agentur Scholz & Friends als Sieger gewählt. Einhellig wurde der »knitze«[1] Entwurf der Berliner Agentur als beste Möglichkeit erachtet, das Bild Baden-Württembergs positiv unter die Leute zu bringen. Kern der Imagekampagne, die inzwischen realisiert und erfolgreich in den Medien »geschaltet« wurde, bildete der Slogan: »Wir können alles. Außer Hochdeutsch.« Er wurde schnell in ganz Deutschland bekannt und schon nach kurzer Zeit bei Gesprächen mit Baden-Württembergern gerne zitiert. Der markante Satz tauchte in Anzeigen auf, wurde als Aufkleber und durch eine Reihe Fernsehspots verbreitet. Sie waren als dokumentarische Filmkollagen aufgebaut, in denen baden-württembergische Erfinder, Wissenschaftler, Musiktalente, Kabarettisten oder Forscher zu Wort kamen. Anschließend wurde das Wappen und der Schriftzug Baden-Württembergs eingeblendet, danach der Slogan »Wir können alles. Außer Hochdeutsch.« Überzeugend war die schnörkellose, informative und humorvolle Art, mit der die Besonderheit des Landes mit seiner außergewöhnlichen Bandbreite an Tüftlern und Talenten in kurzer Form aufgezeigt wurde.

Hinter einem guten Slogan steckt immer ein kluger Kopf. In diesem Fall von **Sebastian Turner**, der von der Politikwissenschaft zur Werbung gewechselt war und zum Agenturgründer in Dresden wurde. Die Internetseite der Werbeagentur Scholz & Friends gibt über ihren erfolgreichen Start folgendermaßen Auskunft: »Kurz vor den ersten freien Wahlen in der ehemaligen DDR gründete Scholz &

[1] »knitz«, schwäbisch für »verschmitzt, pfiffig, schlau«

Friends das Office in Dresden. Die Agentur entwickelte sich prächtig. So prächtig, dass wir kurz darauf wieder einpacken konnten – für unseren Umzug nach Berlin.«

Drei »Werber« packten ihre Schreibtische und Computer auf den Möbelwagen und wechselten 1992 von Dresden nach Berlin, um in der boomenden Hauptstadt den zweiten Anlauf zu einer eigenständigen Zweigstelle der bekannten Werbeagentur aus Hamburg zu wagen. Unter ihnen befand sich auch Sebastian Turner, der als Kind mit seinen Eltern von Niedersachsen nach Stuttgart umgezogen war und dort seine Schulzeit verbrachte. Im Sommer 2000 musste die Agentur größere Räume suchen und noch einmal umziehen, doch diesmal blieb sie innerhalb der Stadt. Wieder in Berlin-Mitte bezog sie einen Gewerbehof, in dem früher eine Dampfbrotbäckerei die Bevölkerung mit Brot versorgte. Heute kümmern sich dort rund 150 Mitarbeiter der in zehn Jahren rasant gewachsenen Berliner Werbeagentur um Anzeigen, Fernsehspots, Werbekampagnen und Mediaplanungen großer Unternehmen und Institutionen.

Sebastian Turner ist zwar kein gebürtiger Schwabe, aber durch den Umzug von Niedersachsen nach Stuttgart wurde er wie ein Einheimischer schon als Kind mit schwäbischem Dialekt konfrontiert. »Eine meine ersten bewussten Erinnerungen daran ist: als ich etwas verloren hatte, fragte ich hilfesuchend meine Lehrerin. Sie antwortete: do muasch do hanne suchen.[2] Ich verstand: da musst du Johannes suchen – und suchte Johannes.«

Nicht nur seine »schwäbische Herkunft« gab für Sebastian Turner den Ausschlag, bei dem Wettbewerb mitzumachen. »Es kam beides zusammen, Job und Schwabe. Ein Bundesland in einer Kampagne darzustellen, ist in der Sache schon interessant, das ist eine reizvolle Aufgabe.«

Es war für ihn ein Leichtes, in seiner Agentur ein schwäbisches Team zusammenzustellen. »Insgesamt bringen wir es in der Agentur auf ungefähr 400 Jahre baden-württembergische Lebenserfahrung«, gibt er über das Personalprofil Auskunft. Bei einem geschätzten Durchschnittsalter von 28 Jahren dürften es ungefähr 15 Mitarbeiter sein, das wäre dann ein Anteil von zehn Prozent badischer und schwäbischer Kreativität in der Agentur. Mit Benedikt Göttert aus Wernau, Martin Poss aus Villingen-Schwenningen, Joachim Schöpfer aus Obertürkheim, Michael Winterhagen und Nina Weinmann

[2] Ohne Fingerzeig: »Da musst du hier suchen«, mit Fingerzeig: »Da musst du dort drüben suchen«.

aus Stuttgart fand er sein Team. Es wurden verschiedene Ideen und Slogans entwickelt, aber Sebastian Turners Vorschlag überragte alle.

Mittlerweile ist der Slogan »Wir können alles. Außer Hochdeutsch.« zur Redewendung avanciert, hat die Qualität eines geflügelten Wortes erreicht. Nach seinem Bekanntwerden haben sich Sprachwissenschaftler damit beschäftigt und Dialektologen zu Wort gemeldet. Zum einen ist sein Witz auf Anhieb zu begreifen, andererseits sind unter seiner Oberfläche ein paar Geheimnisse versteckt. Sprachlich ist er so verfasst, als würde ihn stolz ein Baden-Württemberger sagen, aber er ist auf Hochdeutsch geschrieben und von der Ausdrucksweise her müsste »Außer« durch »Bloß« ersetzt werden. »Hochdeutsche« schmunzeln ebenso über den Slogan und behalten ihn im Gedächtnis. Während sie die selbstbewusste Feststellung »Wir können alles« durch das Bekenntnis eines in ihren Augen sprachlichen Defizits konterkariert sehen und in diesem Spannungsfeld den liebenswerten Witz erkennen, zieht der Slogan für einen Badener und Schwaben seinen Reiz aus der Selbstironie, ein ureigenes Element schwäbischen Humors. Die sprachliche Gegenüberstellung trifft genau die dialektische, schwäbische Sprech-, Denk- und Verhaltensweise, in der sich ein Baden-Württemberger wiederfinden kann. Sie äußert sich in den gerne gebrauchten Redewendungen »einerseits und andererseits« und »sowohl, als auch«.

Meisterlich behütet!

Modistin im Berliner Kunsthof

»Der Hut ist ein altes Kulturgut, ich möchte dies weiter in die Welt tragen«, mit kämpferischem Unterton manifestiert **Katharina Sigwart** ihre Berufung. »Er galt zum Beispiel früher als Platzhalter des Mannes. Wenn jemand seinen Hut durch das Stadttor warf, hatte er das Recht einzutreten. Viele Redewendungen beziehen sich auf den Hut. Ich möchte dem Hut wieder seine Bedeutung zurückgewinnen, auch als normales Kleidungsstück.«

Hüte werden in Deutschland nur noch als Extravaganz von feinen Damen bei Pferderennen oder von Herren, die in der Architektur, Kunst oder Medien zu Hause sind, getragen. Die verbreitete Sitte, einen Hut zu tragen, ist im Laufe der letzten zwei Generationen verloren gegangen.

Während in anderen Ländern, wie zum Beispiel in England, bei gesellschaftlichen Anlässen der Hut sowohl für Frauen als auch für Männer ein unerlässliches Attribut der korrekten Kleidung darstellt, verwandelte er sich in Westdeutschland schon während der fünfziger Jahre in ein überholtes Kleidungsstück. Amerikanischer »Life-style« beeinflusste deutsches Alltagsleben und Mode. In der Freizeitkleidung war eine fortschreitende Versportlichung des »Outfits« zu beobachten. Heute wird von Jung und Alt statt Hut eine »Baseball-Cap« auf dem Kopf getragen. Der plötzlich auftauchende Stielkamm, um die hochtoupierte Frisur der persischen Kaiserin Farah Diba nachzuahmen, gab in den sechziger Jahren dem Damenhut den Todesstoß. In der DDR trugen die Bonzen Hüte, die in ihrer zeitlosen Grundform mit dem langweiligen Design des Trabi konkurrierten.

Bei soviel Verdrängung des Hutes aus dem Alltagsleben nimmt es nicht Wunder, dass Katharina Sigwart von notwendigem «Pioniergeist« spricht, um eine Hutmacher-Werkstatt mit Laden aufzumachen. Nachdem sie ihre Meisterprüfung in Frankfurt am Main abgelegt hatte, entschied sie sich nach Berlin zu ziehen und den mutigen Schritt in die eigene Hutmacherei zu wagen.

Aus Badenweiler war sie nach dem Abitur nach München gezogen, um Kunstgeschichte zu studieren. Nur Kunsttheorie pauken, fand sie zu einseitig, sie wollte selber künstlerisch tätig werden. Zur freien Kunst sah sie sich nicht hingezogen, schon eher zu einer kunsthandwerklichen Tätigkeit. Ihre Mutter war Hutmachermeisterin gewesen, übte den Beruf aber seit langem nicht mehr aus. Gleichwohl war die Zunft »im Elternhaus irgendwie immer präsent.« Katharina Sigwart trat in ihre Fußstapfen und begann in Frankfurt am Main eine Modisten-Lehre. »Mein handwerkliches Geschick, das Gespür für Menschen und Gesichter habe ich von meiner Mutter geerbt.«

Im Berliner »Kunsthof« in der Oranienburgerstraße in Berlin-Mitte fand sie 1998 in der Gesellschaft von Cafés, Kunstgalereien, einem Buchladen, Pantomime-Schule und einer Ledermanufaktur die passende Umgebung für ihre Hutmacherwerkstatt mit angeschlossenem kleinen, eleganten Laden.

Behutsam renoviert, gehört der »Kunsthof« mit seinem klassizistischen Stil zu den wenigen noch erhaltenen Wohn- und Gewerbehofanlagen aus der Mitte des 19. Jahrhunderts und lässt das Leben im heute verklärten Scheunenviertel erahnen.

In der neuen, alten Berliner Mischung aus Wohnen und Arbeiten, findet Katharina Sigwart das ideale Umfeld für ihre Ideen zu Damen- und Herrenhüten. In den Ladenregalen liegen neben Gebrauchshüten mit klassischen Formen eigene, künstlerische Kreationen. Die Meisterin kümmert sich selber um eine individuelle, typbezogene Beratung, der nicht selten Entwurf und Herstellung eines Hutes folgt. Er kann zum augenfälligen Ausdruck der eigenen Persönlichkeit werden. »Ich möchte dazu beitragen, dass in Berlin, in der Hauptstadt, eine gewisse Eleganz und Klasse getragen wird«, beschreibt Katharina Sigwart ihre sich selbst gestellte Aufgabe.

Gut möglich, dass vom »Kunsthof« in der Oranienburgerstraße ein neues Berliner Selbstbewusstsein zum Tragen von Hüten ausgehen wird: Mehr Mut zum Hut!

Licht, mehr Licht!

Der Tag in der Nacht

»Licht, mehr Licht!« sollen die letzten Worte von Johann Wolfgang von Goethe gewesen sein. Dass der Dichter in seiner letzten Minute hellsichtig die Erfindung der Glühbirne voraussah, muss allerdings ins Reich der Legenden verbannt werden.

Die Nutzbarmachung von Elektrizität veränderte unser Leben auf allen Ebenen so vielseitig und nachhaltig, dass eine Rückkehr zu stromlosen Zeiten nicht mehr vorstellbar ist. Gewiss gibt es Bereiche, die noch nicht elektrifiziert sind. Wer seinen Garten von Hand umgräbt, spürt »Widerstand« höchstens im steinigen Boden und danach »Spannung« in den Muskeln. Wie weit jedoch Gesellschaft und Wirtschaft an der elektrischen Kabelschnur hängen, machen in drastischer Weise Stromausfälle deutlich: oftmals zeigen sie noch nach neun Monaten eine vermehrende Wirkung.

Mit elektrischem Licht konnte der Mensch die Nacht überlisten. Er machte sie aber nicht zum Tage, wie gerne gesagt wird. Doch wir brachten es immerhin soweit, die Welt so zu beleuchten, dass wir fast alle Tätigkeiten bei Tag und Nacht ausüben können. Endlich darf der Mensch Nachtschicht arbeiten – aber auch fernsehen, Radio hören oder telefonieren. Weltweite Kommunikation und Datenaustausch sind ohne Strom nicht möglich.

Die regionalen Stromgesellschaften besaßen lange Zeit monopolähnliche Stellungen. Das Energiewirtschaftsgesetz liberalisierte den Strommarkt und machte es möglich, dass seit Mai 1998 jeder Verbraucher seinen Energieversorger frei wählen kann, ähnlich wie es auch bei den Telefongesellschaften der Fall war. Gebietsmonopole wurden aufgehoben, und zwischen den Energieversorgern begann der freie Wettbewerb mit einem Preiskrieg. So auch in Berlin. Doch die Bewag, wie hier die örtliche Stromgesellschaft genannt wird, konnte sich noch einige Zeit wehren, indem sie die Durchleitung fremden Stroms durch ihre Leitungen verweigerte. Der Streit wurde schließlich zu Gunsten der Verbraucher, sprich der Verpflichtung auf Durchleitung entschieden.

Als erster Nichtberliner Energiekonzern hat die **EnBW Energie-Vertriebsgesellschaft GmbH**, ein Unternehmen des Energiekonzerns Energie Baden-Württemberg AG aus Karlsruhe, in der Hauptstadt eine Niederlassung gegründet. Sie ist eine von 11 Niederlassungen in Deutschland und gehört zu einem Netz von 20 europaweiten Niederlassungen der EnBW AG. Von Berlin erstreckt sich das Engagement auf die neuen Bundesländer – und natürlich auf die Hauptstadt selbst. Zum Hauptgeschäftsfeld zählen Strom und energienahe Dienstleistungen. Dabei sorgt der Service der EnBW nicht nur dafür, dass beim Verbraucher das Licht günstig angeht, sondern sie berät in allen Fragen rund um die Energie, wie Licht, Kraft, Wärme, Kälte, Wartung und Service.

Privathaushalte können über das Tochterunternehmen Yello Strom GmbH Stromkosten einsparen, während Industrie und Wirtschaft darüber hinaus gemeinsam mit der EnBW Vertriebsgesellschaft maßgeschneiderte Lösungen finden.

Diese Flexibilität bescherte der EnBW einen renommierten Berliner Stromkunden: das Abgeordnetenhaus von Berlin. Doch das Projekt ging weit über die bloße Lieferung von Strom hinaus. Teil des gesamten Versorgungskonzeptes war die Nutzung regenerativer Energien mit Hilfe einer Photovoltaik-Anlage. Die EnBW übernahm Kosten, Planung, Bau und Material der Anlage für Solarenergie. Selbstverständlich gehören auch Betrieb und Wartung zum Versorgungspaket.

Nach diesem Coup ließ die Industrie nicht lange auf sich warten. Die technisch und rechnerisch begabten Baden-Württemberger machten dem kostenbewussten Chemie- und Pharmakonzern Schering nach einer bundesweiten Ausschreibung für Stromversorgung ein Angebot, das dieser einfach nicht ablehnen konnte. Der Wechsel zur EnBW brachte Schering eine Ersparnis in Millionenhöhe für Stromkosten pro Jahr ein.

Inzwischen stehen auf der Kundenliste von EnBW noch mehr bekannte Namen aus der Berliner Wirtschaft, die die Chancen des liberalisierten Energiemarktes nutzen. Die Viessmann Werke, Hersteller von Heizkesseln und Heizanlagen, wurden Kunde der EnBW, ebenso ALBA, einer der Marktführer für innovative Abfall- und Wertstoffentsorgung, bekannt auch als Hauptförderer des gleichnamigen Basketballteams.

Eines der beliebten Ziele schwäbischer Touristen ist die Friedrichstraße in Berlin-Mitte, dort der Besuch des Quartier 206. In ihm reiht sich ein edles Geschäft an das andere. Wenige wissen, dass der Strom für Schaufenster, Läden und Büros aus Baden-Württemberg geliefert wird.

Für die Schaubühne am Lehniner Platz begann das Jahrtausend mit einem künstlerischen Neubeginn. Sasha Waltz, eine der innovativsten Choreografinnen Europas, sorgte mit dem Stück »Körper« für eine Tanztheatersensation. Ein charmanter Zufall ergab, dass die Karlsruherin ihr Stück mit Strom der EnBW, ebenfalls aus Karlsruhe, ausleuchten konnte.

Nach langen Jahren stattete Ihre Majestät Königin Elisabeth im Sommer 2000 Berlin einen Arbeitsbesuch ab. Sie eröffnete die neue Botschaft Großbritanniens. Helle Scheinwerfer rückten die Eröffnungszeremonie und das neue, architektonisch auffallende Gebäude ins rechte Licht. Es ist bekannt, dass Baden-Württemberg und Großbritannien einen guten Draht zueinander haben, warum sollte nicht auch Strom durch ihn fließen?

In direkter Nachbarschaft zur britischen Botschaft erstrahlt das traditionsreiche, renommierte Hotel Adlon durch baden-württembergische Energie.

Aber auch in kleinerem Rahmen hinterlässt die EnBW in Berlin ihre Leuchtspuren. Pünktlich um neun Uhr gingen einen Sommer lang an der Ecke Danzigerstraße und Senefelderstraße im Prenzlauer Berg bunte Leuchtschriften an. Der Künstler Sergej Alexander Dott hatte auf der Fassade eines Eckhauses mit Neonbuchstaben und Neonschriften Phrasen, Redensarten und einzelne Worte ange-

bracht. Nachts verwandelten sie die graue Straßenecke in eine Galerie voll bunter Großstadtpoesie.

Doch nicht nur für Künstler setzt sich EnBW ein, auch für die Kritiker der Kunst. Der alle zwei Jahre von der Kunststiftung Baden-Württemberg vergebene »Carl-Einstein-Preis« für freie Kunstjournalisten wird im Jahre 2000 in Berlin in Kooperation mit der EnBW und der Akademie der Künste Berlin verliehen.

Spannend war zu beobachten, wie mit der ihr eigenen Energie sich die junge Niederlassung der EnBW Berlin der Energie Baden-Württemberg AG in kurzer Zeit in der Hauptstadt bemerkbar machte. Da müsste bald noch mehr Berlinern ein Licht aufgehen!

Aus der Garage auf die Datenautobahn

Der Mercedes-Stern am Potsdamer Platz

»In einer Garage hat er mit einem Computer angefangen und heute…«, der Mythos »vom Tellerwäscher zum Millionär« hat Konkurrenz bekommen. Immer noch können aus Hütten Konzerne werden. Die kleine Werkstatt, in der das erste Auto zusammengeschraubt wurde, kann noch heute in Stuttgart besichtigt werden. Sie wurde zu einem Ausgangspunkt des Weltkonzerns **DaimlerChrysler AG**. Doch in Berlin-Marienfelde wurde 1902 die Produktion von Lastkraftwagen, Omnibussen und schnelllaufenden Dieselmotoren aufgenommen. Jetzt werden dort die Motoren für den »smart« hergestellt.

Seit der Wende produziert die DaimlerChrysler AG auch im brandenburgischen Ludwigsfelde Lkws und Vans. Insgesamt beschäftigt sie in Berlin und Brandenburg in Produktion, Forschung und Verwaltung rund 11.000 Mitarbeiter.

Mit ihrer langen Firmengeschichte zählt die heutige DaimlerChrysler AG zu den angestammten Unternehmen in der Hauptstadt. Seit rund hundert Jahren ist sie für Berlin ein bedeutender Wirtschaftsfaktor und bietet seinen Einwohnern begehrte Arbeitsplätze. Doch mit der Wiedervereinigung ist der Name DaimlerChrysler auch in anderer Hinsicht in das Bewusstsein einer breiten Öffentlichkeit gerückt: mit dem Neubau und der Belebung eines ganzen Stadtviertels in der Mitte Berlins, dem legendären Potsdamer Platz. Nach dem Fall der Mauer wurde seine Bebauung zu einer Metapher für den Neubeginn. Auch für den Weltkonzern kam die Wende überraschend. Die Vorgängerin der DaimlerChrysler AG plante schon lange vorher die Tochter debis AG, die als Dienstleistungsunternehmen weltweit informationstechnologische Problemlösungen für Handel, Banken und Industrie anbieten sollte. Im Spätsommer 1989 fiel die Entscheidung für den Potsdamer Platz als Firmensitz. Am 9. November desselben Jahres wurde völlig überraschend die Mauer geöffnet, und in den folgenden Jahren verschwand sie mitsamt ihrer Bauherrin, der DDR. Das Baugrundstück lag plötzlich nicht mehr an der Peripherie des Westteils der Stadt, sondern im Zentrum des

Der Mercedes-Stern am Potsdamer Platz

wiedervereinigten Berlins. Eine Neuplanung des Potsdamer Platzes als städtebauliches Kettenglied zwischen den ehemals getrennten Stadthälften drängte sich geradezu auf. Aus dem Architekturwettbewerb zum DaimlerChrysler Areal am Potsdamer Platz ging 1992 die Architektengemeinschaft Renzo Piano (Paris/Genua – s. S. 65, rechts) und Christoph Kohlbecker (Gaggenau) als Sieger hervor. Am 11. Oktober 1993 erfolgte der erste Spatenstich. Während der mehrjährigen Bauzeit wurde die »größte Baustelle Europas« regelmäßig zum Spielort kultureller Veranstaltungen.

Beim ersten »Baustellensommer 1994« fanden vor dem historischen Weinhaus Huth, das wie ein Fels dem Baustellentreiben trotzte, zwölf Konzerte unterschiedlicher Musiker wie zum Beispiel Jocelyn B. Smith oder Lydie Auvrey statt. Das Areal kündigte sich als kultureller Stadtteil an. Mit der Grundsteinlegung im Oktober 1994 rückte das vier Milliarden Mark teure Projekt in das internationale, öffentliche Bewusstsein. Im Sommer darauf tanzte das »Pyro Space Ballett« seine Choreografie »Jenseits der Nacht« zu spektakulären Lichteffekten im Rohbau des japanischen Architekten Arato Izosaki. Mit dem Bau der knallroten Infobox entstand die Möglichkeit, sich zu informieren und von einer Plattform aus den Überblick zu behalten. Sie wurde zum meistbesuchten Ausstellungsgebäude in Berlin nach dem Erotikmuseum. Der Künstler Gerhard Merz montierte 1996 an die Baukräne Neonröhren und verwandelte den täglichen Wald der Kräne in der Nacht in einen leuchtenden Skulpturengarten. Höhepunkt war in diesem Jahr das Gastspiel der »Batsheva Dance Company« aus Israel. Das weltberühmte Ballett tanzte an drei Abenden auf einer großen Bühne zwischen den Rohbauten das Stück »Anaphase« vor 5.000 begeisterten Zuschauern.

Nach nur drei Jahren Bauzeit wurde im Oktober 1996 Richtfest gefeiert. Diesmal tanzten die Kräne. Unter der Leitung des Dirigenten Daniel Barenboim betätigten die Kranfahrer zu Beethovens »Ode an die Freude« ihre Schaltknüppel. Ein choreografisches Drehen und Schwenken der Baukräne war das künstlerische Ergebnis. Der »Tanz der Baukräne« ging jedoch mehr in die Bau- als in die Ballettgeschichte ein.

Mit einem großen Straßenfest, einer Licht- und Klanginstallation des Künstlers Hans Peter Kuhn und einem »Sommer-Theaterspektakel« der Berliner Bühnen belebte sich der neue Kiez. Am 2. Oktober 1998 fand die feierliche Einweihung des Areals im debis-Gebäude statt. Danach begann ein unerwarteter Besucheransturm, allein in den ersten drei Tagen wurden 1,5 Millionen Neugierige angelockt.

Das große Theater, in dem das Musical »Der Glöckner von Notre Dame« seine Weltpremiere feiern konnte, wurde bei den Berliner Filmfestspielen 2000 zum ersten Mal als Festspielkino genutzt. Der vorgelegene Marlene-Dietrich-Platz verwandelte sich in den neuen Laufsteg der Filmprominenz. Mit beträchtlichem Aufwand ließ DaimlerChrysler Werke internationaler Künstler aufstellen. In leuchtendem Blau strahlt Jeff Koons »Ballon Flower« vor dem Musicaltheater, die »Boxer« von Keith Haring hauen sich die Fäuste durch die Leiber, Mark de Suveros »Galileo« steht als rostiger Stahlträgerknoten im Teich und Robert Rauschenbergs »Riding Bikes« sind im Bassin vor dem Weinhaus Huth geparkt. Im debis-Gebäude empfängt die Videoskulptur »Nam Sat« von Nam June Paik die Besucher, in der großen Halle rattert die Schrottmaschine »Méta Maxi« von Jean Tingueluy und die blaue Leuchtröhre »Light Blue« von François Morellet geht die Wände hoch. »Räume gewinnen erst durch die Präsenz von Kunst jenes gewisse Etwas, das für die Wahrnehmung ihrer Besonderheit empfänglich macht«, sagt der Architekt Renzo Piano.

Mit den Bauten der Architekten Renzo Piano, Christoph Kohlbecker, Arata Izosaki, Hans Kohlhoff, Ulrike Lauber, Wolfram Wöhr, José Rafael Moneo und Richard Rogers ist auch eine Architekturausstellung entstanden. In den neuen Gebäuden haben sich mehrere Unternehmen des DaimlerChrysler Konzerns niedergelassen, so auch die DaimlerChrysler Immobilien (DCI) GmbH, die debis AG, die gesamte DaimlerChrysler Vertriebsorganisation Deutschland und die Mercedes-Benz CharterWay. Dr. Manfred Gentz, Vorstandsmitglied: »Wir sind sicher, dass dieses Stadtviertel nicht nur ein wirtschaftlich äußerst interessanter Standort ist, sondern auch ein Ort der kulturellen Begegnung.«

Dabei hat das denkmalgeschützte Weinhaus Huth eine bedeutende Rolle bekommen. In der Veranstaltungsreihe »Abend im Weinhaus Huth« kommen bekannte Persönlichkeiten aus Kultur, Wis-

senschaft, Wirtschaft und Politik in Podiumsgesprächen zu Wort. Die Themen berühren Fragestellungen des heutigen Lebens und der Spannungsfelder zwischen Individuum, Gesellschaft, Kunst, Kultur und Medien. Seit 2000 ist im Weinhaus Huth die öffentliche Kunstsammlung DaimlerChrysler mit bedeutenden Werken des 20. Jahrhunderts untergebracht.

Darüber hinaus unterstützt die DaimlerChrysler AG die Europakonzerte der Berliner Philharmoniker, die Berliner Opern und das Revuetheater »Friedrichstadtpalast«. Ohne ihre Beteiligung sind die Filmfestspiele »Berlinale«, die »Berliner Festspiele« oder das Sommerfest der Berliner Bühnen kaum noch vorstellbar. Im Juli 2000 förderte DaimlerChrysler die Literaturveranstaltung »Weltklang – Nacht der Poesie«.

In der »neuen Mitte« Berlins wirkt der berühmte Mercedes-Stern etwas untergetaucht. Der »gute Stern auf allen Straßen« wird in der sich schnell entwickelnden Dienstleistungsmetropole Berlin vom grünen Würfel der debis AG überragt. Hier sind nicht mehr die Fahrten zu Lande, die Reisen zu Wasser oder der Flug in der Luft im Mittelpunkt, sondern der rasante Austausch von Bits und Bytes auf der weltweiten Datenautobahn. Ihre Zubringer heißen Computer und sogar aus jeder Garage kann in sie eingebogen werden, vorausgesetzt, es gibt einen Telefonanschluss und der Strom ist eingeschaltet.

Rampensau

Büro für schweinisch gute Künstler

»Wir haben die Perlen der Berliner Kleinkunstszene«, sagt der Karlsruher **Gerhard Winterle** einfach so dahin. Mag sein, dass er noch nicht alle Berliner Muscheln geöffnet hat, aber mit den bisherigen Funden kann sich die Künstleragentur »Rampensau« ein ansehnliches Collier umhängen.

Glanz verleihen der »Rampensau« Sänger und schöne Frauen. Die Schauspielerin und Entertainerin Désirée Nick (»Ein Traum in Tüll, eine Sumpfblüte, eine Göttin«, so der Münchner Merkur) vereint nach Wolfgang Joop »alle Diven … zu der einzig wahren.« Mit Martina Brandl, aus dem Schwabenland nach Berlin gekommen, Musicalstar und als »Diseuse fürs neue Jahrtausend« gepriesen, hat die »Bar jeder Vernunft« garantiert ein volles Haus. Die Chanteuse Tanja Ries, die »Meisterin des Vertraulichen« aus Pforzheim, besingt das Seelenleben der Menschen in der Großstadt. Die »O-Ton Piraten« erweitern als virtuoses Musikkabarett ihren Anhängerkreis, während die Sänger mit dem Programm, das ihre Namen trägt, »Thomas Pigor singt und Benedikt Eichhorn muss begleiten« den Deutschen Kleinkunstpreis 1999 gewannen. »Schall und Hauch«, das »erfrischende, »hinterhältige, stilsichere« Musikkabarett mit Brasilianer Sady Augsburger und Schwabe Michael Hess nehmen sich als Schlagerduo selbst auf den Arm. Jockel Tschiersch, der »Kampfplauderer und Haupstadtneurotiker« liest abgelehnte Drehbücher mit großem Erfolg.

Susanne Stallmann und Gerhard Winterle, die beiden Inhaber der Agentur »Rampensau« kennen das Metier bestens. In den achtziger Jahren tourten sie mit der Gruppe »Preddy Show Company« durch sämtliche Clubs und Kleintheater von Berlin und Deutschland. Gerhard Winterle, Mitbegründer der fünfköpfigen Truppe, kam nach seiner Ausbildung zum Dekorateur und nach der Bundeswehr nach Berlin. Der Gastwirtsohn aus Karlsruhe, der an Fasching schon als Jugendlicher die Gäste in Strapsen als Marlene Dietrich unterhielt, fand in Berlin Gleichgesinnte. Sie gründeten die völlig verrückte und schräge Theatergruppe »Preddy Show Company«.

Das Ensemble bestand aus einem Dekorateur, einem Friseur, zwei Studienrätinnen und einem Koch. Auf die Verknüpfung von Playback- und Live-Elementen zu einer eigenwilligen Form des Musiktheaters und die an Selbstausbeutung grenzende Theaterleidenschaft führen die ehemaligen Mitglieder das lange Bestehen der Gruppe von fünfzehn Jahren zurück. Als sie nach der Abschiedsvorstellung noch einmal für drei Abende »rückfällig« wurden, standen die alten Fans vor der Kasse des »Tränenpalastes« Schlange.

Die langjährigen Erfahrungen mit der »Preddy Show Company« und die zahlreich geknüpften Kontakte durch die vielen Tourneen bildeten das Kapital bei der Gründung ihrer Künstleragentur »Rampensau«. Susanne Stallmann und Gerhard Winterle kümmern sich nicht nur um Aufführungstermine, sondern geben ihre Erfahrung und ihr Wissen gerne ihren Künstlern weiter, die schon längst nicht mehr nur in Berlin auftreten, sondern in allen Teilen des Landes Gastspiele haben und gern gesehene Gäste im Fernsehen sind.

Sauberle, sauberle Herr Dussmann!

Ein schwäbischer Selfmademan

»Ebbes G'scheits zum essa, sei Ruh han und en koim Saustall romsitza müssa«, könnte auf schwäbisch die unternehmerische Idee von Peter Dussmann lauten.

Als Geschäftsführender Gesellschafter der **P. Dussmann GmbH** drückt er es in gepflegtem Hochdeutsch so aus: Die Menschen werden zu allen Zeiten und überall auf der Welt Hunger haben, sicher leben wollen und Sauberkeit schätzen. So einfach kann es sein, die Bedürnisnachfrage des großen Dienstleistungskonzern für Verpflegung, Sicherheitsüberwachung und Reinigungsservice zu formulieren. Aber stecken da nicht tiefliegende, schwäbische Werte dahinter? Das Serviceunternehmen bietet mit einem Umsatz von 2,4 Milliarden Mark im Jahr 2000 in 27 Ländern mit 56.000 Mitarbeitern alle Dienstleistungen rund ums Gebäude an. Klingt das nicht nach Häusle in Ordnung halten?

Der Weg zum globalen Gebäudedienstleister war Peter Dussmann nicht in die Wiege gelegt worden. In Rottweil am Neckar hatten seine Eltern eine kleine Buchhandlung, die er einmal übernehmen sollte. Aber es zog ihn fort nach München. Durch Zufall las er, dass sich eine Firma anbot, Junggesellenwohnungen in Ordnung zu halten. Er hatte noch nichts von einer ähnlichen Firma in München gehört. Mit einem Gewerbeschein in der Tasche überzeugte er 1963 eine Bank zu einem Kredit von 2000 DM Startkapital. Auf seine Anzeigen meldeten sich fünf Junggesellen. Bald beschäftigte er Hausfrauen, die sich etwas dazu verdienen wollten. Nach kurzer Zeit bot er Gebäudereinigung an. Heute sagt Peter Dussmann, sein Vorteil bestand darin, dass er als Quereinsteiger keine traditionellen Scheuklappen aufhaben konnte. Sie hätten wohl auch seinen Blick »über den Putzeimerrand« in Richtung USA versperrt. Vom Mutterland der Dienstleister, das als König nur den Kunden akzeptiert, liess er sich inspirieren und gewann die Überzeugung, dass sich Dienstleistung industrialisieren lassen könnte. Von diesem Moment an baute er ein betriebswirtschaftlich durchplantes Reinigungsunternehmen auf.

Dussmann das KulturKaufhaus
DUSSMANN-HAUS

»Mit den Augen stehlen, denn kein Rad muss zweimal erfunden werden«, heißt eines der Leitprinzipien von Peter Dussmann.

Mit der klaren Sicht des Reinigungsfachmannes erkannte er beim Anblick eines Krankenhauses in Garmisch die Möglichkeit, seine Angebotspalette bedeutend zu erweitern. Er machte der Krankenhausleitung ein so sauberes Angebot, das sie nicht ablehnen konnte. »Wir waren damit die Ersten, die in der Bundesrepublik die Reinigung von Krankenhäusern angeboten haben.« Irgendwann musste dann mal eine Großwetterlage geherrscht haben, bei der ein warmer Föhnwind über die Alpen blies, sich mit einem Wüstenwind vermischte und den Saudis einen heißen Tipp in die Ohren blies. Ihre anspruchsvolle Anfrage bezüglich eines Krankenhauses ging aber über die bloße Reinigung hinaus, sie wollten auch Verpflegung, Haustechnik und Sicherheit. In Saudi-Arabien bot sich die Chance, »Dienstleistungen aus einer Hand« rund ums ganze Gebäude anzubieten. Mit den guten Referenzen von den Saudis gelang es Peter Dussmann, den Krankenhausmarkt in Europa aus der »ersten Startposition zu gewinnen«.

Das Geschäftsfeld Seniorenresidenzen entwickelte sich ebenfalls ganz plötzlich. Ein Bauträger, der mehrere Altenheime erstellt hatte, beauftragte die nun entstandene Dussmann-Gruppe mit der Pflege und Verköstigung der Senioren. Der Bauträger kam ins Trudeln und Peter Dussmann musste auf Wunsch der Banken den Steuerknüppel übernehmen. Heute betreibt die Tochterfirma »Kursana« über 50 Seniorenresidenzen.

Ende der siebziger Jahre wagte die Dussmann-Gruppe den Sprung nach USA. Der schwäbische Rottweiler bleckte in der Höhle des Service-Löwen die Zähne und behauptete sich. In dem Land, wo mit dem Auto zum Einkaufen gefahren und zum Baden an den Strand geflogen wird, erweiterte er flugs sein Angebot um das Unternehmen Aviation Service, das in den USA Flugzeuge betreut und sich um Passagier- und Frachtabfertigung kümmert.

Als die innerdeutsche Grenze löchrig wurde, hatte Peter Dussmann die Krankenhäuser der ehemaligen DDR schon durch den ersten Mauerschlitz ins Auge gefasst. Heute beschäftigt die Dussmann-Gruppe 10.000 Mitarbeiter in den Neuen Bundesländern.

»Nischen suchen«, heißt ein weiteres Prinzip von Peter Dussmann. Manchmal scheint es, als ob er sie nicht sucht, sondern einfach nur findet.

In bester Lage von Berlin-Mitte begann die Dussmann-Gruppe gleich nach der Wende mit dem Bau ihrer neuen Firmenzentrale in der

Friedrichstraße. In die Ladenflächen richtete Peter Dussmann kurzerhand ein KulturKaufhaus ein. In dem mehrstöckigen Kaufhaus liegt mit Büchern, CD's, Videos und Computersoftware das gesamte Spektrum an kulturellen Speichermedien aus. Als Peter Dussmann die Türen des KulturKaufhaus länger offen hielt, als es das Ladenschlußgesetz erlaubte, handelte er sich Ärger mit der Stadt ein. In Deutschland dürfen nach 20 Uhr nur noch leitende Angestellte verkaufen. Er dachte kurz nach und beförderte auf einen Schlag eine ausreichende Anzahl von Mitarbeitern. Bis zur Änderung des Ladenschlußgesetzes werden nun der Kunde abends exklusiv von Prokuristen bedient.

»In der Einfachheit liegt die Meisterschaft«, nennt Peter Dussmann sein drittes Prinzip.

Um ihr Image am Glänzen zu halten, böten sich der Dussmann-Gruppe, die sich in den Branchen Sicherheit, Feuerwehr, Gebäudetechnik, Gebäudereinigung, Catering, Aviation Service, Office Service, Krankenhaus- und Altersheimservice tummelt, ein breites Feld für Sponsoring. Doch als Dienstleister in den genannten Branchen muss sie sich um ihren Ruf sowieso nicht sorgen. Sie macht keinen Dreck, sondern beseitigt ihn, liefert an Krankenhäuser kein Fastfood, sondern Vollwertkost und sorgt mit ihren Werksfeuerwehren für Sicherheit. Doch als Sponsor tritt die Dussmann-Gruppe nicht in

Erscheinung. Auf Peter Dussmann trifft vielmehr das Bild eines klassischen Mäzens zu, der nicht nach einer Marketingstrategie unterstützt, sondern nach persönlichem Interesse. Als institutionelle Trägerin seiner Engagements rief er die Dussmann-Stiftung ins Leben. Er gilt als wichtiger Förderer der Deutschen Staatsoper Unter den Linden, die er mit zweckgebundenen Spenden seit Jahren unterstützt. In Dresden engagiert sich Peter Dussmann bei Sanierungen von Barockgebäuden und der Rekonstruktion der Silbermann-Orgel in der Frauenkirche. Nicht immer stößt er in Berlin auf Resonanz. Als er für viel Geld das Heine-Denkmal des DDR-Bildhauers Waldemar Grzimek nachgießen und der Stadt Berlin zur Aufstellung überlassen wollte, handelte er sich eine Ablehnung ein.

Jetzt steht es im Innenhof der Humboldt-Universität. »Wer net will, hot ghet«[1], heißt ein schwäbisches Prinzip.

[1] »Wer nicht will, hat schon gehabt.«

Die clevere Nummer

Consulting nach Telefonrechnung

Es gibt Produkte, an die hat man früher nicht gedacht. Mit seiner Firma Infogenie GmbH drang der in Pfullingen aufgewachsene Informatiker **Markus Semm** in Bereiche vor, die bisher bestimmten Berufsgruppen vorbehalten schienen. Der frühere Geschäftsführer einer im EDV-Bereich angesiedelten Ladenkette verwirklichte eine einfache und vermutlich deswegen so erfolgreiche Idee.

Infogenie GmbH bietet Beratung übers Telefon an. Zum Beispiel Rechtsberatung. Den Anruf über eine Sondernummer vermittelt ein Computer an einen der ungefähr hundert unter Vertrag stehenden Rechtsanwälte in ganz Deutschland. Automatisch wird geprüft, welcher gerade gesprächsbereit ist. Der Kunde schildert am Telefon sein Problem und kann sich qualifizierte Hilfe zu seinem Problem holen. Abgerechnet wird über die Telefonrechnung mit dem vor dem Gespräch angesagten Minutenpreis. So kann jeder mit einem Blick auf die Uhr das Beraterhonorar leicht nachvollziehen.

Ist die Frage nicht sofort zu klären, wird nach Ablauf einer Frist nochmals nachgefragt. Inzwischen wird eine Recherchegruppe aktiv, die nach der Lösung sucht und sie in das Computernetz einspeist. Beim zweiten Anruf kann jeder Rechtsanwalt, an den jetzt der Computer das Gespräch vermittelt hat, auf die Informationen im Netzwerk zurückgreifen und direkt weiterberaten. Das System lässt eine terminfreie Beratung von jedem beliebigen Telefon zu, auch außerhalb der üblichen Bürozeiten. In der Regel bleibt der Frager anonym, er kann also bedenkenlos zum selben Problem zwei oder mehrere Meinungen einholen, um vor dem eigentlichen Gang zum Rechtsanwalt schon ein hohes Maß an Information zu erlangen.

So einfach das alles klingt, der Teufel steckt im juristischen Detail. Rechtsanwälte haben sich in einem Berufsverband zusammengeschlossen, der ihre Interessen zur Berufsausübung und Honorarabrechnung vertritt. Als Grundlage zur Festsetzung des Honorars wurde der Streitwert bestimmt. Bei Infogenie GmbH dagegen sind es die Kosten des geführten Telefongespräches.

West
herzlich willkommen
im Bistro &
Wochenkarte

Markus Semm ist ein streitbarer Schwabe. Mit seiner telefonischen Beraterfirma wird er vermutlich bei allen Berufsverbänden anecken, die Honorare für Beratungstätigkeiten nach anderen Kriterien als Telefonkosten berechnen. Auf der anderen Seite bietet er eine Geld-Zurück-Garantie für unzufriedene Kunden an.

Seine in weitere Länder expandierende Firma bietet dreizehn verschiedene Beratungs-Hotlines an, für die circa dreihundert Experten auf Anrufe warten. »Unsere Beratungsgebiete erstrecken sich hauptsächlich über Rechtsberatung, Steuerberatung, Gesundheitsberatung, tierärztliche Beratung und Beratung bei Fragen zum Personal-Computer«, zählt Markus Semm auf, »aber es kommen immer mehr dazu.«

Nach Berlin kam der Schwabe kurz vor der Jahrtausendwende »wegen der Stadt, dem großen kulturellen Angebot«. Für seine Firma wäre der Standort Berlin nicht so relevant gewesen, die heutige Informationsgesellschaft setzt sich weltweit per Telefon und Internet über geografische und politische Grenzen hinweg. Dem Empfänger einer Nachricht entzieht sich immer mehr, woher sie kommt. Nur noch die Information hat Bestand, sie allein wird zum Produkt. An diese grenzenlose Anonymität konnte der Gesetzgeber noch nicht denken.

Wo drückt nun dem modernen Menschen der Schuh? »Die meisten Anrufe kommen zu Problemen mit Computerspielen, wie sie zum Laufen gebracht werden und wie man in bestimmten Spielsituationen es schafft, auf ein höheres Spielniveau zu kommen, an zweiter Stelle steht die Rechtsberatung, gefolgt von der Beratung zu Computer- und Softwareproblemen«, gibt Markus Semm die überraschende Antwort. Bei vielen Firmen oder Zeitschriften, die einen Hotline-Service anbieten, wählen die Anrufer unmerklich eine Nummer der Firma Infogenie GmbH, die mit mehreren Computerspiele-Herstellern Verträge abgeschlossen hat. »Die Auslagerung der Beratung nach dem Verkauf, das ›after-sales-consulting‹, wird einen immer größeren Anteil in den ›outsourcing-Strategien‹ einnehmen. An diesem Punkt bieten wir uns mit unserem ›Pool‹ an Experten und unserer Logistik an«, sagt der kulturinteressierte Consulting-Manager. Ob er sich schon überlegt hat, in Berlin ein ›City-Culture-Consulting‹ einzurichten? Als ›Phone-Consulter‹ könnten sogar die vielen Akademiker unter den Taxifahrern dienen, dann müssten sie während ihrer ›waitings‹ nicht immer nur ›crosswords‹ lösen.

Ave Maria

Second Hand und Devotionalien

Zwischen traurigen Engeln, Wandkruzifixen, Rosenkränzen, Votivgaben, Heiligenbildchen, Kerzen, Kunstpostkarten stehen Schüttelbildchen, in denen Schnee auf ein kleines Kirchlein fällt. Aber auch Volkskunst aus Peru ist zu entdecken: aus Salzteig geformt, bunt bemalt, lagern Indios in farbenprächtiger Kleidung unter dem Kreuz.
In vorderen Ladenraum, dessen Wände und Decke mit einer Kirchenruine bemalt sind und den Eindruck erwecken, als würde man durch Kirchenfenster nach außen schauen und einen strahlendblauen Himmel beobachten, liegen unter dem Hinweis »Feines aus europäischen Klöstern« Seifen, Mundwasser, Räucherkerzen und Heilkräuteressenzen aus klösterlicher Herstellung zum Kauf aus.

Durch den hinteren Verkaufsraum, an vollen Kleiderstangen, Engeln und Madonnen vorbei, geleitet von einer Serie des plastisch modulierten Porträts Mutter Theresas, gelangt man über einen roten Teppich ein paar Stufen höher zur Umkleidekabine. Unter einer Sammlung Heiligenbildchen, alten Schlafzimmerbildern mit Jesus im Boot auf dem See Genezareth und bunten Plastikblumen können die ausgewählten Kleidungsstücke anprobiert werden. Zur Überprüfung ihres Aussehens steht ein alter Spiegel bereit, dessen Seitenflügel wie bei einem Altar geschwenkt werden können. Beim Zurückgehen an die Ladenkasse, die aus einem alten Schreibkatheder besteht, kann in einer Nische die heilige Familie im Stall zu Bethlehem bewundert werden, die gerade von Hirten und Engeln Besuch bekommen hat. Auf seinem Weg zu den großen Tempeln am Potsdamer Platz hat der Reisende in dieser kleinen Kapelle die letzte Gelegenheit, sich gegen die Gefahr eines drohenden Konsumrausches mit einem Heiligenbildchen zu wappnen.

Das **»Ave Maria«** in der Potsdamer Straße wurde von **Ulrike Schuster** und **Dieter Funk** 1996 als »Überlebensversuch« eröffnet. Die ehemalige Theologiestudentin, spätere Lateinlehrerin, und der Filmemacher hatten das Bedürfnis und den Mut, den Weg in die Selbstständigkeit zu gehen.

Der Absolvent der Film- und Fernsehakademie hatte mit drei Spielfilmen, die Gunther Lambrecht und Otto Sanders zu den Schauspielern zählen durften und in Kinos und Fernsehen liefen, erste Erfolge.

»Alle drei Filme spielten in der Gegend von Rottweil, es waren eigentlich Heimatgeschichten«, gibt Dieter Funk einen Beleg für die Auseinandersetzung mit seiner schwäbischen Herkunft. Wegen seiner Bedenken, dass seine Ideale bei der Produktion von Fernsehserien untergehen, stieg er aus.

Als Religions- und Lateinlehrerin sah sich Ulrike Schuster innerhalb der Zwänge einer »Berufsgläubigen«, denen sie sich nicht mehr unterordnen wollte. Sie machten einen Second-Hand-Kleiderladen auf, weil »man dazu wenig Anfangskapital braucht«, und ergänzten das Angebot mit Devotionalien. Aus dem katholischen Rottweil stammend, der christlichen Religion gläubig verbunden, wuchsen beide eng mit den bildnerischen Darstellungen biblischer Inhalte auf. Was lag also näher als mit internationalen Madonnenbildern und Kruzifixen zu handeln? Ein Großteil davon ist südamerikanischer und osteuropäischer Herkunft. Aber auch ihre schwäbische Heimat ist gut vertreten. Die Münstergemeinde Rottweil schickt Devotionalien, die sie von ihren Mitgliedern erhalten kann, ins »Ave Maria«. Viele der Kruzifixe im Angebot stammen aus dem Schwarzwald. Der Münstergemeinde fließt dadurch etwas Geld für ihre Gemeindearbeit zurück in die Kasse.

Verschiedene Mischungen Weihrauchharze mit unterschiedlicher Aromatisierung und Zusammensetzung stehen in beschrifteten Einmachgläsern in einem Regal. Bibeln erinnern an die verbreitete Sitte alter Buchhandlungen, zu Büchern Devotionalien anzubieten. An den bemalten Wänden und Decken brennen kleine Lämpchen, als ob sie Sterne am Mittag wären. Eine Heiterkeit erfüllt den Raum, trotz leidender Gottessöhne und trauernden Madonnen. Zum Ernst des Themas hat sich im »Ave Maria« der Humor gesellt.

Neugierige reagieren beim Entdecken des Ladens sehr unterschiedlich. Ulrike Schuster setzt ihre Beobachtungen in gesellschaftliche Zusammenhänge. Während ihrer Wallfahrt auf dem Jakobsweg nach Santiago de Compostela wurden sie und ihre Freundin von spanischen Männern gebeten, sie am Ziel ihrer Pilgerreise in ihr Gebet einzuschließen. Diese freimütige Bekennerschaft zu Glauben und Frömmigkeit bewundert sie noch heute. »Bei deutschen Männern ist dies ganz anders, das Zeigen von Frommheit wird gleichgesetzt mit Schwachheit, Religion gilt als Weibersach' und unmännlich«, wagt

die Besitzerin vom »Ave Maria« einen Vergleich. »Sie müssen geradezu ein Tabu brechen, um in einen Laden mit so vielen Madonnen und Heiligenfiguren hereinzukommen«, schließt sie auf die Schwellenangst deutscher Männer ihr Geschäft zu betreten, »eine Ausnahme bilden meine homosexuellen Kunden, die leben in unserer Gesellschaft sowieso ständig mit gebrochenen Tabus.«

Die Wanderhändler des Mittelalters, die an Kirchenmauern Heiligenbilder verkauften, zählen zu den Vorgängern der heutigen Kunsthändler. Reichtum errangen sie mit dem Verkauf der häufig kopierten Bildchen kaum, sie mussten zusätzlich andere Waren wie Ledergürtel, Taschen oder Beutel anbieten. Ulrike Schuster und Dieter Funk können sich also mit ihrer Mischung aus Kleidung und Devotionalien in einer alten Tradition sehen, nur dass sie nicht mehr wandern, sondern sesshaft geworden sind. Zu ihrem Angebot gehören auch gebrauchte Schuhe. Ob aber die Berliner Stadtschuhe für mühselige Pilgerreisen geeignet sind, darf demütig angezweifelt werden.

Von Delfinen und Walen

Spielzeug für Frauen

Stefanie Dörr gehörte zu den ersten Bonnern, die gleich nach der Wende nach Berlin zogen. Wie die meisten, war sie nicht in der »Übergangshauptstadt« am Rhein geboren, sondern sie kam aus Lauffen am Neckar. Nach Bonn war sie wegen ihres Kunststudiums der freien Bildhauerei gegangen. Als sie 1991 in Berlin eingetroffen war, fiel ihr auf, dass in ihrem neuen Bekanntenkreis offener über Sexualität gesprochen wurde, als sie es bisher aus dem politisch korrekten Bonn gewohnt war. Gespräche über Sexspielzeuge, Erfahrungsaustausch und die Weitergabe von Einkaufstipps waren keine Seltenheit.

Stefanie Dörr horchte auf, ging in die Sexshops und schaute sich um. Es war enttäuschend. Fast alle Läden waren für Männer entworfen, mit abwaschbaren Münzkabinen am Eingang. Kundinnen wirkten wie verirrte Wesen von einem anderen Stern. Eine andere Art von Sexshops, die für Frauen aus- und eingerichtet waren, gab es kaum. Das Design von Sexspielzeug erinnerte mehr an das Angebot eines Sanitätshauses, bei dem auf naturgetreue Farbe und Formgebung wert gelegt wurde. »Es war schlicht und einfach langweilig, was da an Dildos in den Regalen stand«, rekapituliert Stefanie Dörr ihre Eindrücke.

Offenbar waren die Dildos auch in Form und Größe von Männern entworfen wurden, wie sich »Männer vorstellen, was einer Frau gefällt.« Stefanie Dörr besann sich ihrer bildhauerischen Ausbildung und begann mit Formen und Farben zu experimentieren. Sie entwickelte ein neues, farbenfrohes Design und experimentierte mit Materialien, die vorher in diesem Bereich kaum Verwendung gefunden hatten. Als Stefanie Dörr aus den USA importierte Dildos aus Silikon entdeckte, hatte sie ihr Material gefunden. Es war künstlerisch formbar, färbefähig, hautfreundlich, antiallergen, hygienisch und geruchsfrei. In der Medizin war Silikon als Material anerkannt und hatte sich schon lange bewährt. Nach fast drei Jahren technischer und gestalterischer Produktentwicklung konnten ihre Dildos in Serie gehen. Offen für Feedback aus ihrem Kundenkreis, suchte

Stefanie Dörr nach ständigen Verbesserungsmöglichkeiten für Handhabung und stimulativer Effizienz. Ihre Dildos erlangten dadurch eine hohe, kundenorientierte Produktreife.

Sie entwickelte gerade, gekrümmte, kleine, große, dünne, dicke Dildos, in Form von Delfinen, Walen oder auch als Frauenkörper. In der Farbpalette kann mittlerweile unter fünfzehn Grundfarben gewählt werden, zusätzlich der mehrfarbigen Ausführungen. Von ihren Kundinnen werden kräftige Farben bevorzugt. Dabei erweist sich Dunkelblau als der Renner. Nach vielen Versuchen fand Stefanie Dörr die elektrischen Vibrationselemente, die ihrem hohen Qualitätsanspruch genügten. Neben der Wahl, ob mit oder ohne Vibrator, hat **Playstixx** sein Angebot auf farbige, silikonüberzogene Liebeskugeln und Harnesse aus Leder mit einfach zu handhabender Dildowechselvorrichtung erweitert. Es werden im allgemeinen Dildo-Serien von ungefähr hundert Stück aufgelegt. In Ausnahmefällen sind auch Sondermodelle möglich. Je nach Design, Farbe und Ausstattung liegen die Preise zwischen 80 und 160 DM. Die Dildos der Firma Playstixx gelten schon jetzt als Sammelobjekte und werden sogar als Designobjekte aufgestellt.

Alle Dildos werden in Handarbeit in der eigenen Werkstatt hergestellt. Mit einem befreundeten Mechaniker stattete Stefanie Dörr ihre Manufaktur mit selbst gebauten Spezialwerkzeugen und Produktionsvorrichtungen aus, die mittlerweile von zwei Mitarbeitern bedient werden. An ihr hängt die Entwicklung von neuen Modellen, Messevorbereitungen, Betriebsführung, Materialeinkauf und der internationale Vertrieb. Playstixx beliefert nicht nur den Fachhandel in Deutschland, sondern exportiert inzwischen nach Skandinavien, Italien, Österreich, Holland und Japan.

»Sexspielzeug ist noch immer ein Tabuthema«, resümmiert Stefanie Dörr, »vor allem für Frauen. Die schicken ihre Männer vor, um sich einen Dildo zu besorgen.« Nach ihrem Auftritt in der Sendung »Liebe Sünde« kurz vor Weihnachten riefen bei ihr viele Männer an, die nach einem Geschenk für ihre Frauen fragten. »Es ändert sich langsam etwas, auch mein kleiner Werksverkauf läuft immer besser«, freut sich Stefanie Dörr – und mit ihr die Schnäppchenjäger, die nicht selten eine längere Reise hinter sich haben und ihren badischen oder schwäbischen Akzent nicht verbergen können.

Nudelteig:

für 30 Maultaschen

2 ℔ Mehl } Teig
7 Eier

Füllung:
Siedfleisch durchtreiben
1 kg Spinat
Petersilie
Schnittlauch
6-7 Zwiebel in Butter dämpfen
3 Brötchen einweichen
3/4 ℔ Kalbsbrät
3/4 ℔ Schinken
1/2 ℔ kalten Braten
Muskat, Salz
4 Eier

Teigrand mit Eiweiß bestreichen

Oh Heimatland, Tellerrand

Heimat geht durch den Magen

Schwäbische Neugier, gepaart mit hartnäckigem Tüfteln hat der Menschheit schon viele kleine und große Erfindungen beschert. Wer kann sich noch ein Leben ohne Energiesparauto, Leitz-Ordner, Fischer-Dübel, »Spätzlesschwob« oder fischbeinfreiem Büstenhalter vorstellen? Auch der kulinarische Genießer toleriert gerne den »naseweisen« Wesenszug der Schwaben, wurde doch durch ihn das Angebot an neuen Gerichten und Weinen erweitert.

Warnungen, mit dem Rückgang traditioneller Speisen verschwände auch die kulturelle Identität, berücksichtigen nicht, dass sich im Laufe der Zeit Essgewohnheiten und auch der Heimatbegriff verändern. Im 19. Jahrhundert wurde in Süddeutschland Maikäfersuppe als exzellenter Ersatz für Flußkrebssuppe empfohlen. Kein Badener oder Schwabe würde heute seine Identität an so eine Krabbeltier-Delikatesse binden.

Der deutschsprachige Begriff »Heimat« mit all seinen Schwingungen ist schwer in andere Sprachen zu übersetzen. Er umhüllt einen Kosmos mit unzähligen Vernetzungen der vielen Einflüsse, die in der Kindheit aufgenommen und mit dem Erwachsenwerden gefestigt werden. Volkstümliches Brauchtum, zeremonielle Rituale, Werte oder Tabus können in der Fremde möglicherweise abgelegt werden, aber mit der Muttersprache und der Erinnerung an Mutters Kochkünste trägt man immer noch ein Stück Heimat durch die Welt. Wuchs man mit Dialekt und einer in ihren Eckpfeilern gefestigten regionalen Küche auf, kann sich der Heimattransfer über Sprechen und Essen wesentlich verstärken. Kein Wunder, wenn sich die Badener und Schwaben in Berlin immer wieder nach einer kulinarischen Heimreise sehnen, deren Haltestellen auf der Speisekarte zusammengestellt werden.

Maultaschenvariationen an Rucola

Teigtaschen-Multi-Kulti

Aus Italien kommt die Pizza, aus Berlin die Currywurst und aus Kreuzberg der Döner. Trotzdem lädt zwei Mal im Jahr bei mir die Eckkneipe »Zum alten Urban« zum Eisbeinessen ein und kündigt das kulinarische Ereignis mit leuchtendroten Pappschildern an den Fenstern an. Eisbein gilt als typisches Berliner Gericht. Doch der Kioskverkäufer vor dem »Alten Urban« erzählte mir von seinem Lieblingsessen, das er schon als kleines Kind gemocht hatte: »Hammelbollenfleisch mit Quetschkartoffeln«. »Det ist wat schönet«, klärte mich Fleischermeister Gottschlich junior im Prenzlauer Berg auf, als ich ihn fragte, woraus es besteht. Er hatte es zubereitet im Angebot und liess mich probieren. Das in weißer, würziger und kräftiger Fleischbrühsauce geschnetzelte Hammel- und Lammfleisch schmeckte zart säuerlich, was vielleicht von mitgekochten »Bollen«, wie der Berliner die Zwiebeln nennt, herrührte. Eine fremde Geschmacksrichtung tat sich mir auf. Ich erinnerte mich, wie mir ein Berliner Koch vor Jahren erklärte, dass die eigentliche Berliner Küche aus folgenden Elementen bestehen würde: dem Fischfang, den Schafherden, die den Fläming bevölkerten, dem preußischen Kartoffelanbau und dem Einfluss der süß-säuerlichen schlesischen Küche. Eigentlich schade, dass das kulinarische Erbe Berlins nur auf Eisbein reduziert wird. »Hammelbollenfleisch« habe ich bisher auf keiner Speisenkarte entdeckt, es musste mir schon ein traditionsbewusster Berliner Fleischermeister anbieten.

Einen kulinarischen Spitzenplatz nimmt in Deutschland Baden-Württemberg ein, wobei die badische Nasenspitze knapp vor der württembergischen liegt. Die Württemberger Lokalpatrioten bestreiten dies natürlich. Zur Beweisführung werden dann immer die bekannten Restaurantführer aus der Tasche gezogen und statistische Argumente über dem Esstisch ausgetauscht. Einigkeit herrscht nur bei der Feststellung, dass das beste japanische Restaurant in Düsseldorf angesiedelt ist. Solange dort keine Sushi-Maultaschen mit Stäbchen angeboten werden, ist man im Südwesten beruhigt. Denn

Maultaschen gelten neben Spätzle als das typische schwäbische Essen. Da hört der Spaß auf. Möglicherweise sind Spätzle noch etwas bekannter geworden, aber das mag zum einen an der »putzigen« Dialektfärbung liegen, und zum anderen, dass sie als Beilage fast überall mit auf den Teller gepackt werden können. Nur »Käs'spätzle« werden als eigenständiges Gericht wahrgenommen. Die Maultaschen eignen sich dagegen nicht als Beilage. Sie galten schon immer als ein vollwertiges Essen und entsprechen in ihren drei klassischen Zubereitungsarten gänzlich der schwäbischen Mentalität. Um ihre Herkunft ranken sich Legenden wie ein »Simsenkrebsler«[1] am Fachwerkhaus. Vermutlich kommt aber jeder Kultur, die des Teigmachens kundig ist, irgendwann die Idee von gefüllten Nudeltaschen. Selbst der Nudelteig wurde nachweislich nicht in Schwaben erfunden, eher schon das Nudelholz.

Vermutlich wurde die Maultasche lange nur mit Sauerampfer oder Spinat gefüllt. Das weist zum einen auf einen ehemals jahreszeitlichen Verzehr hin, und zum anderen auf eine lange, fast fleischlose Epoche der Bevölkerung. Die Fischerei- und Jagdrechte waren für den Adel reserviert. Am Hofe kam das kultivierte Speisen mit Messer und Gabel in Mode, als für die Bauern zum Essen nur der Löffel genügte. Es mag sein, dass noch aus dieser frühen, fleischarmen Zeit die Spinatbeigabe bei der Maultaschenfüllung herrührt.

Im Grunde basiert die Maultasche auf der Verwertung von Resten. Im früheren, armen Württemberg konnte wertvolles, übriggebliebenes Fleisch nicht einfach weggeworfen werden. Meine Mutter, die auf dem Lande aufwuchs, erzählte mir die Geschichte, wie einmal eine Bauersfrau zum Dorfpfarrer bewundernd und neidisch zugleich sagte: »Sia hent ja öfters mol a Gabelessa!«[2] Was bedeutete, dass der Herr Pfarrer sich ab und zu einen Braten leisten konnte. Bei besonderen Anlässen wie Familienfeiern fährt der Schwabe auf, was das Zeug hält. Es wird gegessen, was auf den Tisch kommt, solange es schmeckt und noch etwas in der Schüssel ist. Selten hört er zu essen auf, wenn er satt ist. Trotzdem bleibt häufig noch etwas übrig. Diese Gewohnheit war der Nährboden zur Entwicklung der Maultasche. Die Fleischreste wurden am folgenden Tag durch den Wolf gedreht, mit Spinat und eingeweichtem Brot vermengt, abgeschmeckt und in Nudelteig eingeschlagen. Die Zutaten waren zwar dieselben wie am Vortag. Man aß dasselbe, aber anders.

[1] Wein, dessen Reben an einer Hauswand hochklettern

[2] »Sie haben ja öfter mal ein Gabelessen!«

Für ein regional unterschiedliches »Reste-Essen«, das im Laufe der Zeit ständig verändert und verfeinert wurde, kann es kein verbindliches Kochrezept geben. Man sagt, es gibt so viele unterschiedliche Arten von Maultaschen wie badische und schwäbische Hausfrauen.

Als Beispiel sei das Maultaschenrezept von Oma Hübner aus Schwäbisch Gmünd aufgeführt. Wie es gemacht wird, schrieb sie im Einzelnen gar nicht auf, das wurde von ihr als Allgemeinwissen vorausgesetzt. Oma Hübner führte die Zutaten gleich für 30 Maultaschen auf, »damit sich des G'schäft auch lohnt«:

Rezept für 30 Maultaschen

Nudelteig:
2 Pfd. Mehl
7 Eier

Füllung:
Siedfleisch durchtreiben,
1 kg Spinat
Petersilie, Schnittlauch
6 – 7 Zwiebel in Butter dämpfen
3 Brötchen einweichen
3/4 Pfd Kalbsbrät
3/4 Pfd Schinken
1/2 Pfd Kalter Braten
Muskat, Salz
4 Eier
Teigrand mit Eiweiß bestreichen

Die Maultasche wird in leicht gesalzenem Wasser kurze Zeit gesiedet. Das genügt, um ihre Füllung wieder aufzuwärmen und den Teigmantel zu garen. Die »Maultasche in der Brühe« besteht aus einem mit Gemüse- oder Fleischbrühe gefüllten Suppenteller, in den eine ganze Maultasche gelegt wird. Mit dem Löffel werden einzelne Stücke abgetrennt und zusammen mit der Brühe zum Munde geführt. Die übriggebliebenen Maultaschen werden am nächsten Tag in der Pfanne langsam in viel Schweineschmalz wieder aufgewärmt, ohne sie bräunlich und kross werden zu lassen. Auf die »geschmälzten Maultaschen« werden im selben Schmalz gebräunte Zwiebelstreifen gehäuft. Als Beilage wird ein schwäbischer Kartoffelsalat gereicht. Sollten immer noch welche übrigbleiben, werden diese am dritten Tag als »geröstete Maultaschen« aufbereitet. Die kalten, am Vortag geschmälzten Maultaschen werden in Streifen geschnitten und in der Pfanne in Schweineschmalz angebraten. Der Teig hat sich schon am Vortag mit Schmalz vollgesogen und über Nacht den Schmalzgeschmack angenommen, so dass jetzt mit weniger ausgekommen werden kann. Es werden Eier aufgeschlagen, verquirlt, über die Maultaschenstreifen gegeben, zum Stocken gebracht und weitergegart. Die »Gerösteten Maultaschen mit Ei überbacken« werden gern mit grünem Salat gegessen. Dies sind die drei klassischen Arten. Für den Puristen sind alle anderen Varianten touristische Verbrämungen.

Die Maultasche entwickelte sich als typisches Gericht, das freitags gegessen wurde, weil in ihr das Fleisch »versteckt« werden konnte. Nach den schon beschriebenen Zubereitungsformen konnte sich dann das Aufessen der Maultaschen bis zum Sonntag hinziehen.

In vielen Familien müssen beide Ehepartner zur Arbeit gehen. Für die aufwändige Zubereitung der Maultaschen bleibt keine Zeit mehr. In diese Lücke sind die Metzger gesprungen, bei denen heutzutage die fertigen Maultaschen gekauft werden können. Vor der Verbreitung des Kühlschranks war es nicht einfach, frische Lebensmittel aufzubewahren. Dies führte zu der Sitte, dass in vielen Familien am Sonntag ein »Maultaschenmenü« serviert wird. Es beginnt mit den »Maultaschen in der Brühe« als Suppenersatz, dann gibt es eine »Geschmälzte« und danach »Geröstete« mit Kopfsalat.

Auch im neuen Jahrtausend, im Zeitalter europaweiter Normen und Brüsseler Beschlüsse bleibt die Maultasche individuell. Jeder hat das Recht auf sein eigenes Maultaschenrezept. Diese Kreativität wird im Herkunftsland der Maultasche gerne toleriert, das »sowohl als auch« gilt als ein Charakterzug seiner Einwohner. In Berlin führt dies zu virtuosen Variationen wie »Lachsmaultäschchen an Rucola mit frischem Parmesan« oder »Gebratene, ganze Maultaschen aus der Pfanne mit buntem Salatsträußchen«, und selbst im schwäbischen Nattheim werden »Panierte Maultaschen nach Jäger Art mit Preiselbeersahne« aufgetischt.

Vincent Klink, Koch und Wirt des Restaurants »Wielandshöhe« in Stuttgart, gräbt seit langem nach den Wurzeln der schwäbischen Küche, rührt ihre Legenden nach oben und tischt sie seinen Gästen so geschmackvoll auf, dass sie fast das Schlucken vergessen. Hier sein Forschungsbericht zu Maultaschen:

Die Legende erzählt, im Kloster Maulbronn soll sich Folgendes zugetragen haben: Die Mönche erhielten im Dreißigjährigen Krieg überraschend ein großes Stück Fleisch, unglücklicherweise war gerade Fastenzeit. So zerhackten sie das Geschenk, mischten es mit Kräutern und Spinat, um dem Ganzen eine vegetarische Patina zu geben, und tarnten alles, indem sie es in kleinen Portionen mit Nudelteig umhüllten. Der Betrug, dem der Herrgott mit Augenzwinkern zugesehen haben soll, gelangte in Gerüchten unters Volk, und so bekam

Kochrezept für schwäbische Maultaschen von Vincent Klink
Restaurant Wilhelmshöhe,
Alte Weinsteige 71, 70597 Stuttgart, Telefon 0711 – 640 88 48

Nudelteig:
250 g Hartweizendunst (grobes Hartweizenmehl, Semola).
Mit normalem Haushaltsmehl lässt sich der Teig auch bereiten, die gelbe Farbe sogenannter Eiernudeln kommt allerdings mehr vom Hartweizenmehl.
3 Eier (oder 1 Ei und 3 Eigelb)
1/2 EL kaltgepresstes Olivenöl
1 Prise Salz

Das Mehl auf ein Nudelbrett häufen und in der Mitte eine Mulde freischieben. Die Eier darin einschlagen, das Olivenöl dazugeben und alles zu einem glatten Teig kneten.

Der Teig sollte fest sein und darf ruhig an weiche Knetmasse erinnern. So ist es von Vorteil, zuerst etwas weniger Mehl zu nehmen, den Teig weich anzukneten, um anschließend so viel Mehl hinzuzugeben, bis die gewünschte Festigkeit erreicht ist.

Füllung der Maultaschen für 2 Personen:
200 g Spinat, blanchiert und dann feingehackt
100 g Hackfleisch (am Besten nicht zu mageres Schweinefleisch wie Hals oder magerer Bauch)
20 g Rauchfleisch
1 Brötchen, in Scheiben geschnitten und in etwas warmer Milch eingeweicht
1 Ei
feingehackter Lauch, Zwiebel und Petersilie, etwas Butter, Salz, Pfeffer, Muskat

Zwiebeln und Lauch in Butter gut anrösten und in eine Schüssel geben. Das Hackfleisch, die ausgedrückten Brötchenscheiben und die restlichen Zutaten dazugeben. Mit Pfeffer, Salz und Muskat durchmengen und würzen. Alles muss gut durchgeknetet sein, damit die Farce eine gute Bindung bekommt. Für vegetarische Maultaschen erhöht man den Zwiebel- und Lauchanteil und gibt etwas dicke Bechamelsauce unter den Spinat.

Nun den ausgerollten Nudelteig auf einem bemehlten Brett ausbreiten und in zehn Zentimeter lange Rechtecke schneiden. In der Mitte einen aprikosengroßen Kloß Farce platzieren, die Ränder mit etwas Ei bepinseln und ein gleich großes Stück Teig oben drauf legen. Danach die Ränder gut andrücken.

In leicht kochendem Salzwasser ca. 10 Minuten ziehen lassen.

das schwäbische Spitzenerzeugnis seinen Namen »Maulbronner Teigtaschen«, »Maultaschen« oder auch »Herrgottsb'scheißer«.

Man könnte die schwäbische Befindlichkeit durchaus in Parallelen an der Maultasche messen. Wie mancher Mercedes eines Schwaben verschämt am Kofferraum kein Typenschild aufweist, so kann mit der Maultasche unter einer unscheinbaren Nudeldecke sogar am gemeinen Werktag relativ viel »Floisch« verzehrt werden. Das lieben die Schwaben: Versteckspielen. Und trotzdem sollte durch den dünnen Teig leicht durchscheinen, dass man nicht am Hungertuch nagt.

Was es mit der Maultasche historisch auf sich hat, liesse sich von einem Kulturhistoriker, wenn auch nicht exakt, so doch mühelos nachvollziehen. Die schwäbische Küche hat unzählige Anleihen aus südlichen Ländern, weil das Schwabenland immer Durchgangs- und Besatzungsland war. Die Heimat der Maultasche ist also Italien, und nach dort kam sie über Arabien aus China. Marco Polo hat übrigens als erster Nudelimporteur nach Europa einen umstrittenen Ruf. Vom schwäbischen Stauferkaiser Friedrich II. ist überliefert, dass er die Nudeln aus Arabien schätzte, das war annähernd fünfhundert Jahre vor dem italienischen Handelsreisenden.

Der schwäbische Chauvi irrt, wenn er darauf beharrt, dass es sich bei der Maultasche um eine astreine Eigenerfindung handelt. Selbst das Wort Maultasche hat sich erst spät durchgesetzt. Vorher sprach man in alten Kochbüchern von gefüllten Nudeln, für die eine Vielzahl erlaubter Füllungen notiert ist.

Berliner Brezeln

Wo die Sonne dreimal durchscheint

»Sind Sie mit dem Auto hier?« »Ja«, antwortete ich. »Dann fahren sie hinter mir her, ich steh da drüben«, sagte sie und eilte mit dem randvoll gefüllten Korb zu ihrem Auto. Ich rannte zu meinem und gab ihr mit der Lichthupe ein Zeichen. Dann begann eine flotte Fahrt durch das nächtliche Berlin, denn wir mussten beide noch vor Beginn der Vorstellungen in unseren Theatern sein: ich als Besucher und sie wegen ihrer Brezeln. Neu in Berlin war ich damals die Treppe zur Volksbühne am Rosa-Luxemburg-Platz hochgeeilt, um im Foyer nach dem Weg zu einem anderen Theater zu fragen. Eigentlich wollte ich in die Studiobühne des Maxim-Gorki-Theaters und glaubte, dass sie neben der Volksbühne lag. Das Stück, das ich in der Studiobühne von Thomas Bernhard sehen wollte, hieß »Am Ziel«, aber davon war ich offensichtlich noch weit entfernt. Plötzlich war die Brezelverkäuferin aus einer der Türen der Volksbühne gestürmt und mir auf den Stufen entgegen gekommen. Der Berliner Brauch, dass in fast allen Theatern vor der Vorstellung oder in der Pause von mobilen Händlern Brezeln verkauft werden, war meine Rettung. Denn niemand kennt in Berlin die schnellsten Wege zu den Theatern besser als eine Brezelverkäuferin. Nachdem wir einen Abschnitt der Straße »Unter den Linden« hochgebrezelt[1] waren, verlangsamte sie und gab mir mit Handzeichen zu verstehen, dass ich nach rechts abbiegen sollte. Sie hingegen fuhr weiter in Richtung Brandenburger Tor. Vermutlich bog sie bald zum »Berliner Ensemble« ab. Dank ihrer unerwarteten Hilfe hatte ich es noch rechtzeitig ins Theater geschafft, saß jetzt auf meinem Platz, kreuzte zufrieden die Arme und freute mich auf das Stück – und die Brezel in der Pause.

Während ich auf den Beginn der Aufführung wartete, kam mir unwillkürlich die Legende von der ersten Brezel in den Sinn. Der Graf von Urach hatte einem straffällig gewordenem Bäcker die Aufgabe gestellt, »bis zum Abend ein Brot zu backen, durch das die

[1] »brezeln« bedeutet im Schwäbischen »schnell fahren«

Sonne dreimal durchscheint«, dann würde er ihn gnädig vor dem Henkerstod bewahren.[2] Als der Bäcker in der Backstube seiner Frau von der bedrohlichen Laune des Grafen erzählte, soll die kräftig gewachsene Bäckersfrau entrüstet die Arme über ihrer fülligen, weißen Bluse überkreuzt und gesagt haben: »Was fällt dem eigentlich ein?« Der Bäcker schaute mit großen Augen auf seine erboste Frau, wie sie so vor ihm mit verschränkten Armen dastand und hatte plötzlich eine Idee, wie er mit einer einfachen Teigschlinge seinen Kopf retten könnte. Vor Aufregung soll sie ihm dann noch in den Laugenkübel geplumpst sein. Aber die Zeit drängte und so entstand die erste Laugenbrezel.

Dass ein schwäbischer Bäcker die Brezel erfunden hat, ist für einen Schwaben völlig glaubhaft, ja sogar logisch. So stark ist für ihn die Laugenbrezel ein Gebäckstück Heimat. Trotzdem darf die Geschichte etwas angezweifelt werden. Aber das mit den verschränkten Armen stimmt. Verwandt ist die Bezeichnung »Brezel« mit dem italienischen »Bracciatello«, das wiederum auf eine Ableitung des lateinischen »brachium« zurückgeht, das »Unterarm« bedeutet. Das Bild »verschlungener Unterarme« war eindeutig das Vorbild für die Brezel. Ihre Herkunft ist jedoch nicht ganz geklärt. Aber verbreitet hat sie sich weltweit. Selbst aus Japan brachte mir vor Jahren ein Freund eine »Pretzel« mit. Es heißt, die Japaner sollen die Marktlücke von den fliegenden »Pretzel«-Verkäufern im Central Park von New York abgekupfert haben, was wiederum leicht vorstellbar ist. In Berlin gibt es natürlich Brezeln nicht nur in den Theaterpausen. Die Berliner Bäcker haben die Brezel schon lange in ihr Sortiment aufgenommen und sie als Bäckereizeichen entdeckt. Einer Schrippe fehlt es hierfür eindeutig an unverwechselbarer Prägnanz. Viele Bäckereien zeigen jedoch die Brezel verkehrt herum, als ob die Bäckersfrau in Urach mit verschlungenen Armen vor lauter Ärger auch noch einen Kopfstand gemacht hätte.

Der Unterschied zwischen einer schwäbischen und einer Berliner Brezel ist gering, aber wesentlich. Die Berliner Brezel hat dickliche, weiche Unterarme, die sich zu ihrer Brust hin zwar weiten, aber sich zu keiner markanten Fülle verbreitern. Auch bleibt die Bluse im bräunlichen Laugenton. Bei der schwäbischen Brezel sind die Unterarme dünn und hart gebacken. Sie entwickeln sich zu kräftigen Oberarmen und gehen über in einen weichen, vollherzigen und blü-

[2] Thaddäus Troll, Preisend mit viel schönen Reden, Hoffmann und Campe Verlag,1972 und Volkslegende

tenweißen Aufschnitt, der den weichen Teig vollmundig nach außen quellen lässt. Diese zwei Gegensätze, die sich gewunden zu einer köstlichen Gebäcksynthese verbinden, sollen den Schwaben Georg W. F. Hegel in der Entwicklung der Dialektik wesentlich beeinflusst haben.

Dagegen hält die Berliner Brezel von starken Gegensätzen nicht viel. Mit Gleichmut strahlt sie die ausgeglichene Gelassenheit der Großstadt aus, von deren Knotenpunkten Dicke und Dünne gleichermaßen ihre Wege finden können. In ihrem Bemühen, Gegensätze aufzuheben, gibt sie sich weltstädtisch. Zeigt man ihr Biss, kann sie es allerdings manchmal so gesalzen zurückgeben, dass nur ihre Lauge ein säuerliches Aufstossen verhindern kann. Aber wer schon davon die Schnauze voll bekommt, ist einfach zu dem rundum weichen Kern der Berliner Brezel noch nicht vorgedrungen.

Im Theater wurde es dunkel und die Aufführung begann. Nach dem ersten Akt gab es eine Pause, ich ging mit den anderen Zuschauern ins Foyer. Von dort hörte ich den vertrauten Ton einer Fahrradklingel, die am Henkel eines Brezelkorbes befestigt war. Nach Kleingeld suchend reihte ich mich in die Schlange vor der Verkäuferin ein und kaufte eine Berliner Brezel. Nein, meine Wegweiserin war sie nicht, die bestritt wohl in einem anderen Theater die Pause. Ich erstand von der freundlichen Verkäuferin eine Brezel und biss ihr wie immer zuerst genussvoll in die Unterarme und arbeitete mich dann langsam knabbernd über die Oberarme zu ihrer vollen Oberweite hinauf. Da läutete die Theaterglocke und ich mußte hastig den letzten Bissen runterschlucken. Wir setzten uns wieder auf unsere Plätze, und die Brezelverkäuferin eilte mit Korb und schnellen Schritten nach draußen in die brezelhungrige Berliner Nacht.

Der Morgen am Nachmittag

Warum gibt es kein schwäbisches Frühstück?

»Frühstück bis 16 Uhr« steht bei manchen Berliner Cafés auf der Speisekarte. Das kann weder ein Badener noch ein Schwabe verstehen. Denn in Berlin kann in den Kneipen noch gefrühstückt werden, wenn der Schwabe schon ans Vespern denkt. So nennt er das Abendbrot, das ehemals mit Beginn des Abends um 18 Uhr eingenommen wurde. Die alte Bezeichnung »Vesper« für Abendzeit ging auf die abendliche Stärkung nach der Arbeit über. Heute wird es nicht mehr so genau genommen. Als Vesper wird jede kleine, meist kalte Zwischenmahlzeit bezeichnet, die im Laufe des Tages den Hunger stillt.

In Baden-Württemberg wird morgens gefrühstückt. Früher bestand das Frühstück aus Kaffee mit Milch und zwei Scheiben Gsälzbrot. Schwarzbrot wurde mit Butter und selbstgekochter Marmelade bestrichen. Ein weichgekochtes Ei gab es am Sonntag, weil man nur am Wochenende Zeit zu seiner Zubereitung fand. Doch schon längst kommen auch in vielen Haushalten frische Brötchen auf den Tisch, die mit Wurst- oder Käsescheiben belegt werden. Eierkochautomaten lassen die Zubereitung weichgekochter Eier auch unter der Woche zu.

Zur Marmelade sagt der Schwabe »Gsälz«. Das Wort kommt aus der Zeit, als es noch keinen Zucker gab und in manchen Gegenden Früchte und Beeren mit Salz haltbar gemacht wurden. Wie bei gesalzenen Stockfischen, konnte das Salz durch Wässerung wieder entfernt werden. Durch Süddeutschland führten im Mittelalter Salzhandelswege, an denen die Salzsiederstädte lagen. Erkennbar sind sie an dem Zusatz »Hall« in ihren Namen. In Baden-Württemberg wäre die ehemals freie Reichstadt Schwäbisch Hall zu nennen, die Münzrechte besaß und den Heller als Währung führte. Der Zucker verdrängte das Salz aus der Marmelade, aber im schwäbischen »Gsälz« ist es noch sichtbar geblieben.

In Baden heißt die Marmelade auch »Schlecksel«; der Name muss eindeutig entstanden sein, als die Beeren schon mit Zucker haltbar gemacht wurden.

Brötchen heißen in Baden-Württemberg Wecken. Das Wort germanischen Ursprungs bezeichnet die früher keilförmige Form.[1] Doch auch regionale Besonderheiten liegen in den Auslagen der Bäckereien, wie die oberschwäbischen länglichen »Seelen«, die »Wasserwecken« von der Ostalb, die so heissen, weil sie aus Wasserteig bestehen, der vor dem Einschiessen in den Backofen mit Wasser benetzt wird, oder der Schwäbisch Gmünder »Briegel«, ein dunkler, mit Kümmel gewürzter und mit Salz bestreuter länglicher Wecken.

Die Berliner haben ihre »Schrippen«. Die Bezeichnung kommt vom »Aufkratzen, Ritzen« der Einkerbungen auf der Oberseite der Brötchen. Als »Schusterjungs« werden dunkle Roggenbrötchen angeboten. Es heißt, die früher mit billigem Mehl gebackenen Brötchen würden deshalb so heißen, weil sie hauptsächlich von armen Schusterjungs gekauft wurden. Aus der Zeit, als Deutschland zu den Kolonialmächten zählte, liegen in Berliner Bäckereien süße »Kameruner« aus.

Die vielen Frühstücksvarianten, die in den Cafés angeboten werden, spiegeln die Reisen in die klassischen Urlaubsländer wieder. Das französische Croissant mit einer Schale Café au Lait machte in den siebziger Jahren den Anfang, als die Studenten in den Semesterferien mit vollbepacktem »Käfer« oder »Ente« nach Südfrankreich auf die Campingplätze fuhren. Danach folgte eine gastronomische Entwicklung, die zu einer internationalen mediterranen Mischung auf der Frühstückspalette führte. Eine bunte Garnierung mit Obst und Früchten darf dabei nie fehlen. Die neue Sitte, sich mit Freunden zum Frühstück zu verabreden und in südeuropäischem Laisserfaire so gegen Mittag langsam den Tag zu beginnen, stößt bei Besuchern aus den Herkunftsländern der Zutaten nicht selten auf Erstaunen. In ihren Ländern verabredet man sich zum Abendessen und verplaudert die Zeit bis spät in die Nacht.

[1] Die alte Bedeutung lebt im englischen »wedge« für »Keil« weiter.

Im arbeitsfreudigen Baden-Württemberg konnte sich keine ausgeprägte Frühstückskultur entwickeln. Früh geht man »ins G'schäft« und meint damit »zur Arbeit«. Viel mehr als das Frühstücken gehört das Vespern zur Lebensart. Ob während der Arbeit bei der Vesperpause um 9 Uhr oder nach Feierabend zu Hause, wird viel Wert auf die kleine Mahlzeit mit Brot, Wurst und Käse gelegt. Besonders auf das Vespern zu Hause, wie hätte sonst die Redewendung entstehen können, die in bildhafter Weise schwäbische Toleranz unter Ehepartnern beschreibt: Appetit kannsch dir holen, aber g'vespert wird dr'hoim

Kulinarische Highlights in der 6. Etage

KaDeWe – Kaufhaus des Westens

Das KaDeWe mit seiner berühmten 6.Etage als edle Fundgrube für Delikatessen und Spezialitäten aus aller Welt anzupreisen, hieße Wasser in die Spree schütten. Die Feinschmecker-Etage, die über einen separaten Express-Fahrstuhl nonstop zu erreichen ist, gilt als größtes Schlemmerparadies Europas. Die Vorstellung, ein Fußballfeld mit unzähligen Verkaufsständen und Regalen vollzustellen, in denen 33.000 Feinkostartikel zum Kauf angeboten werden, kommt der Realität ziemlich nahe. Es fällt schwer sich zu orientieren, Kunden und Neugierige irren wie durch ein geheimnisvolles Labyrinth, in dem fremdartige Duftmarken die Sinne verwirren.

In der Nachbarschaft der exotischen Früchte stehen meterlange Weinregale, deren Flaschenetiketten aus allen deutschen Anbaugebieten wie ein Weinbrevier gelesen werden können. In der meistbesuchten Weinabteilung in Berlin wird der gute Ruf der badischen Weine von den Weingütern Dr. Heger, Reichsgraf und Marquis zu Hoensbroich, Salwey, Franz Keller, Huber, Bercher, Andreas Laible, Blankenhorn, den Winzergenossenschaften aus Königschaffhausen, Waldulm und dem Staatsweingut Meersburg verteidigt.

Die Württemberger werden von den Weingütern Graf Adelmann, Graf Neipperg, Prinz zu Hohenlohe-Oehringen, Wöhrwag, Ernst Dautel, G.A. Heinrich und den Weingärtnergenossenschaften aus Löwenstein und Affaltrach würdig vertreten.

In der Fleischereiabteilung, die sich auf der Seite zur Tauentzienstraße befindet und entweder rechts vorbei an der aromatisch duftenden Teeabteilung oder links über die gut zu erriechende Fischtheke gefunden werden kann, liegen an verschiedenen Verkaufsständen Fleisch- und Wurstspezialitäten aus allen Ecken Deutschlands aus. Baden-Württemberg tritt mit einem reichhaltigen Wurst- und Räucherspeckangebot aus dem Schwarzwald hervor. Von der Tannenhof Schwarzwälder Fleischwaren GmbH aus Niedereschach bezieht das KaDeWe seine Waren. Unter anderem reicht das Angebot über Schwarzwälder Bauernspeck, geräucherten Schwarzwälder

Schinken, Gewürzbackschinken, Schwarzwälder Ofenschlupfer, Kirschwassersalami bis zu den einfachen, aber sehr beliebten Landjägern.

Gegenüber dehnt sich an der Wand ein hell erleuchtetes Kühlregal aus. Eine große Auswahl frischer Teigwaren füllt die Auslagen. Ein Abschnitt ist internationalen, gefüllten Teigtaschen vorbehalten. Darunter entdeckt man die unterschiedlichsten Maultaschen. Neben Füllungen verschiedener Fleischsorten werden auch Maultaschen mit Steinpilz- und Apfel-Maronenfüllung angeboten. Mit etwas Bedauern muss der Baden-Württemberger feststellen, dass die Etiketten die Edmund Zimmermann Fleischwerke Industrie aus Thannhausen im Regierungsbezirk Schwaben des Freistaates Bayern als Hersteller ausweisen. Kein Wunder, dass sich viele Stuttgarter ihre Maultaschen im Handgepäck von Freunden einfliegen lassen.

Ohne Wein
und ohne Liebe
ist das Leben trüb

»Gsegnete Mahlzeit«

Weinstuben und Restaurants

Wenn es unbedingt sein muss, begibt sich der furchtlose Schwabe in Grenzbereiche, deren mutiges Überschreiten zu überschaubaren Gefahren führt. Das Überwinden der Türschwelle zu einer Gaststube wäre hier zu nennen. Dem enormen Risiko, in einer badischen Weinstube oder schwäbischen Gastwirtschaft nur mal kurz reinschauen zu wollen, um dann einen ganzen Abend zu »verhocken«, setzt er sich »bruddelnd«[1], aber nicht ungern aus. Sein dabei flaues Gefühl im Magen versucht er mit übertriebener Freundlichkeit zur Bedienung, günstigen Angeboten aus der Tageskarte, »Babbeln« und »Schwätzen« mit den Tischnachbarn und mäßigem Trinkgeld zu besänftigen. Kann er endlich nach Stunden die Gefahrenzone wieder verlassen, erfüllt ihn ein Schaudern, als ob er gerade über den Bodensee geritten wäre. Doch schon bald wird er wieder dieses Kribbeln im Bauch spüren, das ihn hinauszieht. Der Schwabe liebt die Herausforderung.

[1] schwäbisch für »nörgelnd«

Essen unter der S-Bahn

Gastwirtschaft und Imbiss »Weitzmann«

Dass im »Lande der Dichter und Denker« an jeder Tischecke ein Philosoph sitzt, vor allem, wenn er ein »Viertele« vor sich stehen hat, gilt als Binsenweisheit des schwäbischen Alltags. Wie hätte sonst der arrogante Vierzeiler entstehen können: »Der Schiller und der Hegel, der Uhland und der Hauff, das ist bei uns die Regel, das fällt uns gar nicht auf!« Wohl der Stadt, die einen berühmten Sohn aufweisen kann, allerdings kann das im Schwabenland fast jede.

Munderkingen ist stolz auf Carl Borromäus Weitzmann, Philosoph und Dichter, der im 18. Jahrhundert an der Donau das Licht der Welt erblickte. Nach ihm benannte Berthold Schöttle, ein weiterer Sohn der Stadt, seine schwäbische Wirtschaft, die er Anfang der neunziger Jahre in einem S-Bahnbogen zwischen Schloß Bellevue und Moabit einrichtete. Der Umzug der Bonner bescherte dem »Weitzmann« die Exklusivität, an der neu erbauten »Wohnschlange« der Abgeordneten zu liegen. Gerne kehrt so mancher der »Staatsmänner« bei Berthold Schöttle ein, genießt die einfache, schwäbische Küche und die direkte freundliche Art des Gastwirtes, auf dessen Aussprache sein langjähriger Aufenthalt in Berlin keinen Einfluss hatte. Mit unverfälschtem Schwäbisch aus dem Donautal begrüßt und bedient er seine Gäste. Schon in jungen Jahren drängte es ihn, außer Donauwellen noch andere Wässerchen der Welt zu sehen. Wie für viele unruhige Schwaben kam nur Berlin an der Spree in Frage. 1969 zog er in die Stadt, die ihm der süddeutschen Lebensweise geradezu entgegengesetzt erschien. Er baute sich ein Radio- und Fernsehgeschäft auf und betrieb es lange Jahre, doch später entdeckte er, dass in seiner Brust das Herz eines schwäbischen Wirtes schlug.

Weitzmann
Berthold Schöttle
Lüneburgerstraße,
S-Bahnbogen 390
10557 Berlin-Tiergarten
Telefon 030 - 394 20 57
Täglich ab 17.00 Uhr

Seine Freude über Flohmärkte zu bummeln, zeigt sich an der Einrichtung. Das Mobilar ist eine zusammengewürfelte Sammlung von Wohnzimmermöbeln. An den Wänden hängen die Fundstücke seiner Streifzüge. Auf manchem Besteck sind die eingeprägten Firmennamen zu lesen, aus deren Kantinen es ausgemustert und verramscht wurde. Über der Straßengaststätte zieren zwei Starenkasten den aus Glühbirnen geformten Schriftzug »Weitzmann«, der an Zirkus oder Jahrmarkt erinnert.

Wie eine Theaterloge schwebt über dem schmalen Gastraum eine kleine Empore. »Das ist die kleinste Kleinkunstbühne in Berlin!«, dröhnt Berthold Schöttle mit seiner tiefen Stimme, »da machen wir ab und zu Musik.« Die Band heißt »Original Spätzle Connection Trio« und hat im Repertoire »Schlager, Beat & Rock'n Roll«. Mit seinen Freunden Dieter Hahne aus Tübingen und Hans Ullwer aus Villingen stellte er die einzige Schwabenkapelle in Berlin auf die Beine.

Bei der Zusammenstellung der Speisenkarte hat sich Berthold Schöttle nicht »lumpen« lassen. Niemand sollte ihm nachsagen können, dass er ein schwäbisches Gericht vergessen hätte. Die Preise sind moderat gehalten und unterstreichen den volkstümlichen »Wirtschaft«-Gedanken.

Auf der Moabiter Seite des S-Bahnbogens steht mit großen Lettern »Schwäbische Spätzle alitäten« über dem wohl einzigen schwäbischen Stehimbiß der Stadt. Spätzle mit verschiedenen »Soßen«, Maultaschen, Schupfnudeln und Kartoffelsalat laden zum schwäbischen Imbiß ein. Am Eingang hängt ein großer Holzhammer. »Das ist der Hammer der Woche. Jede Woche gibt es ein besonderes Angebot mit einem so günstigen Preis, dass es der Hammer ist.«

Vom Weingut Hirth aus Württemberg kommen der Riesling und der Trollinger, von der Winzergenossenschaft Breisach aus Baden die Burgunderweine. Unter den Bieren nimmt das »Ulrichsbier« eine Sonderstellung ein. Nicht nur weil es in einer Flasche mit Bügelverschluss abgefüllt wird, »Schnallenpulle« wie sie auf der Getränkekarte heißt, sondern weil das Bier im Nachbarort von Munderkingen gebraut wird. Die Ehinger Berg-Brauerei befindet sich seit 1757 in Familienbesitz. Es ist also leicht möglich, dass sich schon der Philosoph Carl Borromäus Weitzmann den Ehinger Bierschaum vom Mund gewischt hat.

Wurstsalat in der Backstube

Weinstube »Die Feinbeckerei«

Als hungriger Schwabe sollte man schnell am großen Indianerhäuptling Sitting Bull vorbeischleichen und den kürzesten Weg zur Backstube nehmen. Über den rustikalen Banknischen gegenüber der Theke blicken die Indianerhäuptlinge in Form aneinandergereihter Porträts auf die gute alte Kneipenszene der späten siebziger Jahre. Im vorderen Teil der »Feinbeckerei« wird ein gut gezapftes Bier getrunken, gequatscht, sich mit Flipper und Poolbillard intensiv beschäftigt. Wenn Hertha spielt, sitzen die Jungs wie im Stadion auf den Bänken und starren via Fernsehen in die Spielfelder der Fußballstadien.

Der vordere Teil der »Feinbeckerei« erinnert an die Frontierzeiten, als hier vor 23 Jahren die Kneipenpioniere am runden Tisch im Schaufenster saßen und Karten spielten. Einer davon war Manfred Becker – kein Schwabe. Aber der erste Wirt der Feinbeckerei war einer. Woher er kam, wohin er ritt – nobody knows. Vorher fragte er noch Manfred Becker, ob er die Kneipe übernehmen möchte. Dieser schaute kurz von den Karten auf und sagt »yeah«. Seither ist er der Wirt. Das war im Jahre 1977. Damals hiess der Laden noch »Feinbäckerei«, weil hier ursprünglich eine Bäckerei beheimatet war. Zum zwanzigjährigen Jubiläum machte Becker dann eine »Beckerei« daraus.

Die Feinbeckerei
Vorbergstraße 2
10823 Berlin-Schöneberg
Telefon 030 - 784 51 58
täglich ab 12 Uhr

Nach hinten zur ehemaligen Backstube führt ein Flur an der Küche vorbei. Hat man diese passiert und tritt in die alte Backstube ein, glaubt man in einer anderen Kneipe gelandet zu sein. Vor dem alten Backofen stehen dunkle Holztische mit alten Stühlen, ein langer Tisch mit durchgehender Bank bietet sich für kleinere Gruppen an, und um den alten Stützbalken in der Fensternische ist ein runder Tisch gebaut. An den Wänden hängen die alten Broteinschiesser mit ihren langen Stielen, mit denen der Bäcker sein tägliches Brot verdiente. Die Wände sind mit den alten Fliesen von damals bedeckt. Ringsum läuft eine Fries von schönen, alten holländischen Kacheln in blauer Farbe. Windmühlen drehen sich darauf im Wind, Grachten ziehen sich durch die Landschaft, und Frauen mit großen Hüten kommen vom Markt nach Hause. Kleine, weit herunterhängende Lämpchen spenden über den Tischen ein mildes Licht. Man fühlt sich wie in einer badischen oder schwäbischen Weinstube. Doch der Blick auf die Weinkarte bringt einen wieder nach Berlin zurück. Ein Grauer Burgunder vom Kaiserstuhl (6,– DM) und ein Trollinger vom Württembergischen Weingut Drautz/Able (7,50 DM) sind die einzigen Weine aus der süddeutschen Ecke. Ach ja, der Wirt ist ja Berliner, erinnert man sich. Doch der Berliner Wirt Manfred Becker hat bis heute die schwäbische Küche seines Vorgängers in der »Feinbeckerei« gehegt und gepflegt. In der Rubrik »Schwäbisches« tauchen auf der Karte alle schwäbischen Standardgerichte auf: Hausgemachte Flädlesuppe (5,– DM), Linsen und Spätzle (14,50 DM), Hausgemachte Käs'spätzle (12,50 DM), Gebratene Maultaschen (12,50 DM), Schupfnudeln mit Sauerkraut (13,50 DM) und Schwäbischer Zwiebelrostbraten mit Spätzle (18,50 DM). Schaut man die Gerichte an, die als »nicht Schwäbisches« eingestuft sind, entdeckt man einiges, das man auch von einer schwäbischen, gut bürgerlichen Wirtschaft gewohnt ist. Beispielsweise ein Champignonrahmschnitzel mit Spätzle und Salat (16,50 DM) oder einen Filet-Topf mit Schweinelendchen, Bratkartoffeln, frischen Saisongemüsen und Estragonrahmsauce (20,50 DM).

In die Feinbeckerei kommen manche Stammgäste seit 20 Jahren. Besucht ein ehemaliger Student und damaliger Feinbeckerei-Gast wieder Berlin, schaut er nach seinem Ausflug zur neuen Mitte am Potsdamer Platz in die Feinbeckerei und ist zufrieden, dass es in Berlin noch Plätze gibt, auf die man sich seit Jahren verlassen kann. Auch die Bedienungen wechseln kaum. Seit Jahren trägt Regine aus Eßlingen das Tablett von vorne nach hinten, und Kellner Markus aus Schwäbisch Hall hat mittlerweile seine hohenlohische Nichte Nadine eingelernt.

Freiheitsbewegungen im Straßenrestaurant

Gastwirtschaft »Gerstensack«

Bis Peter Wasner das Gasthaus »Gerstensack« eröffnete, führte er jahrelang mit seinem »Bundschuh« in der Fichtestraße in Kreuzberg eine schwäbische Institution. Als der »Bundschuh« Namen und Pächter wechselte, blieb der Friedrichshafener der Fichtestraße treu und wanderte nur ein paar Häuser weiter. Jetzt versorgt er die Bewohner rund um den U-Bahnhof »Südstern« im »Gerstensack« mit gehobener, südwestdeutscher Küche. Bei der Suche nach dem auffallenden Namen »Gerstensack« für sein Lokal wurde er wieder bei den süddeutschen Freiheitsbewegungen fündig. In Scheunen auf Gerstensäcken sitzend, hielten um das Jahr 1162 badische Kaufleute im Konstanzer Raum geheime Treffen ab, um sich für weniger Beschränkungen und mehr Liberalität einzusetzen.

Gerstensack
Fichtestraße 31
10967 Berlin-Kreuzberg
Telefon 030 - 694 87 03,
täglich ab 18 Uhr,
im Sommer ab 12 Uhr

Der »Gerstensack« ist als einfache Wirtschaft eingerichtet, bei der das, was auf dem Teller liegt, wichtiger ist, als das, was an der Wand hängt. Auffallend sind lediglich die künstlerischen Eisenskulpturen, die als Wandlampen den Raum akzentuieren und das Kerzenlicht auf den einfachen Holztischen ergänzen. In der kühlen Jahreszeit knistert das Holzfeuer im offenen Kamin, und ein heimeliger Duft durchdringt das Lokal. Immer wieder schürt der Wirt selber nach und legt dabei einen wahren Feuereifer an den Abend. Im Sommer wärmt die späte Nachmittagssonne die Straßenterrasse und lässt den gegenüberliegenden alten Gasometer wie einen orientalischen Tempel erscheinen.

Der »Gerstensack« bietet mit einer Vesperkarte kleine, warme Gerichte (10,50 DM bis 15,50 DM) wie hausgemachte schwäbische Maultaschen aus der Pfanne mit Zwiebeln und Salatsträußchen, Linsen mit Spätzle und Saitenwürstle und Allgäuer Käsespätzle mit

Schmelzzwiebeln und Salat an. Und es gibt einen leckeren hausgemachten Wurstsalat mit Essig und Öl. Für den größeren Hunger bieten die Hauptgerichte (18,50 DM bis 34,– DM) eine abwechslungsreiche Auswahl. Die Speisen kommen als gutes, deftiges Essen auf den schnörkelfreien Teller. Einer Petersilienwurzelsuppe mit geräucherten Fischstreifen (8,50 DM) könnte zum Beispiel ein ofenfrischer Krustenbraten in Dunkelbier-Soße, dazu Rosenkohl und Semmelknödel, die knusprig gebratene Bauernente, aus dem Rohr, und Wirsinggemüse oder die Rehkeule, rosa gebraten, auf Preiselbeer-Soße, mit Rotkohl und Spätzle nachfolgen.

Dazu kann aus einer vielfältigen internationalen Weinkarte der passende Wein gewählt werden. Für Global-Player werden auch Weine aus Übersee angeboten. Wer aber in der südwestlichen Binnenwirtschaft bleiben möchte, kann aus der großen Auswahl an Weinen einen gewohnten baden-württembergischen Riesling, Lemberger oder Trollinger bestellen (7,– DM). Das Angebot des »Gerstensack«, in einem einfachen, gemütlichen Gasthaus zu sitzen, gut zu essen und zu trinken, wird gerne von Freiberuflern und Angestellten im erfolgreichen Alter angenommen. Obwohl sein Name auf eine frühere Untergrundbewegung badischer Kaufleute zurückgeht, ist für einen Besuch des Gasthauses »Gerstensack« keine Heimlichtuerei notwendig, eher schon eine rechtzeitige Tischreservierung.

Flimmern und Plauschen

Gastwirtschaft »Glühwurm«

Es flimmert einem vor Augen. Doch an Stelle der Glühwürmchen ist es die umfangreiche Speisekarte im Restaurant »Glühwurm«. Über fünfzig Gerichte werden aufgeführt, ergänzt von den wechselnden Speisen der Wochenkarte. Allein zehn Maultaschenvariationen füllen die Seiten; wenn die vegetarischen Versionen dazugezählt werden, sind es sogar zwanzig.

»Alle unsere Maultaschen machen wir selber«, sagt Jörg Rometsch stolz und zeigt auf einen alten, aufgestellten Fleischwolf, »mit dem haben wir angefangen, durch den haben wir am Anfang die Füllung 'dreht, alles von Hand!« Bald musste die Küche modernisiert werden, und das alte Küchengerät landete als Dekoration im Gastraum. Bei zwei Zentnern Maultaschenfüllung pro Monat würde der Mann am Fleischwolf vielleicht durchdrehen.

Glühwurm
Südwestkorso 69 a
12161 Berlin-Friedenau
Telefon 030 - 852 30 67
täglich ab 16 Uhr,
im Sommer früher

Am Südwestkorso an der Ecke zur Görresstraße betreibt Jörg Rometsch aus Mühlacker seit Herbst 1996 das Restaurant »Glühwurm«. Er und sein Bruder investierten Geld in die Gaststätte und verpachteten sie als Pizzeria. Als diese in Schwierigkeiten kam, machten sie aus der Not eine schwäbische Tugend und sagten: Dann machen wir es halt selbst. Die Brüder, die lange Zeit in Leonberg einen Autohandel führten, mussten für die Idee einer schwäbischen Wirtschaft nicht lange überlegen. Sie übernahmen den Namen »Glühwurm«, brachten die Getränkebar am Eingang auf Vordermann, malten die Wände in fröhlichen Farben an, stellten einfache Holztische mit alten Stühlen auf und legten los. Der Erfolg ließ nicht lange auf sich warten.

Im Sommer ist der kleine Biergarten bis auf den letzten Platz besetzt, und die kleine Friedenauer Straßenecke füllt sich mit südlichem Flair. Natürlich lädt die Karte neben Maultaschen auch zu

klassischen, schwäbischen Rennern wie einer Vesper von Stuttgarter Landjäger mit gemischtem Salat (8,– DM), einem Zwiebelrostbraten mit Bratkartoffeln und Salat (24,– DM) oder Schweinebraten mit viel Sauce, handg'schabte Spätzle und schwäbischem Kartoffelsalat (16,50 DM) ein. Als Nachtisch fällt die »Nackede Marie« auf, warme Schupfnudeln in Zimt und Zucker gewälzt mit Apfelmus (7,– DM). Die zahlreichen schwäbischen Rot- und Weißweine werden im traditionellen Vierteles-Henkelglas serviert, bei dem der Eichstrich 0,25 l anzeigt.

Der »Glühwurm« ist eine Mischung aus Speiserestaurant, Biergarten und Bar. Der Eingangsraum wird von einer großen Theke mit Barhockern bestimmt, an der ein gepflegtes Pils genauso bestellt werden kann, wie ein exotischer Cocktail aus der Karibik. Jörg Rometsch zeigt sich nicht als »verhockter Schwabe«, er bietet seinen Gästen, von denen viele aus dem ruhigen Kiez am Südwestkorso beim Bundesplatz kommen, auch Weine aus anderen deutschen Weinanbaugebieten und europäischen Ländern an. In seiner wechselnden Wochenkarte bewegt er sich in der hauptstädtischen Tendenz zu verlockenden, internationalen Kombinationen und Entdeckungen.

Dafür scheint auch der sommerliche Biergarten geeignet zu sein. Unter den Bäumen sollen schon öfters strahlende Glühwürmchen gesichtet worden sein, die mit heftigen Blinksignalen versuchten, die Aufmerksamkeit auf sich zu locken.

Landpartie nach Schöneberg

Gastwirtschaft »Landwirt«

Ein Besuch in Schöneberg kam damals, als der bekannte alte Schlager »Es war in Schöneberg im Monat Mai...« entstand und nach ihm in den Ballsälen getanzt wurde, einem Ausflug aufs Land gleich. Schon lange sieht es an der Ecke Eisenacher- und Hohenstaufenstraße nicht mehr nach Bauernhof und einer gepflegten Landpartie aus. Und doch kann man hier seit 1983 im »Landwirt« einkehren. Nur heute stärken und erholen sich hier zwischen Pferdehalftern und Heugabeln die Städter.

Zusammen mit Klaus Peter Kuch eröffnete Kurt Klein den »Landwirt«, dessen Einrichtung seinem Namen alle Ehre macht. Die Wände, Fensterbretter und Fachwerkbalken sind mit bäuerlichen Gerätschaften behängt. Die ersten Antiquitäten brachte Klaus Peter Kuch vom Bauernhof seines Großvaters aus Boxberg bei Bad Mergentheim mit nach Berlin. Die Kindheitserlebnisse des Jungen auf dem Lande hatten ihn sehr geprägt. Aufgewachsen im fränkischen Baden, ging er schon in jungen Jahren nach Berlin, um eine Lehrstelle als Kellner anzutreten, die er bald mit einer Kochausbildung tauschte.

Landwirt
Eisenacherstraße 23
10781 Berlin-Schöneberg
Telefon 030 - 218 69 20
täglich ab 18 Uhr

Als die Gäste sahen, dass nur »echte« Sachen an den Wänden hingen, brachten sie weitere Fundstücke mit, und der »Landwirt« bekam immer mehr das Aussehen eines traditionsbewussten Landgasthofes.

Kurt Klein aus Karlsruhe leitete fünfzehn Jahre seine »Wirtschaft«, und der gelernte Koch und Kellner Klaus Peter Kuch stand in der Küche. Dann übergab er aus gesundheitlichen Gründen die Gaststätte seinem langjährigen Mitarbeiter. Trotzdem steht er noch täglich hinter dem Tresen am Eingang, zapft das Bier, füllt die Weingläser und kümmert sich, dass die Gerichte zügig an Tische gelangen. »Ganz bleiben lassen kann man es halt nicht«, meint der Bade-

ner. Längst wurde der »Landwirt« zu einem badisch-schwäbischen Schmelztiegel. Denn seit Jahren treffen sich hier regelmäßig der Verein der Württemberger zu Berlin e.V. und der Verein der Badener in Berlin e.V. zu ihren Stammtischen. Natürlich findet das traditionelle »Maultaschenessen am Gründonnerstag« in ihrem »Vereinslokal« statt. Zu aller Zufriedenheit beginnt es jedes Jahr mit »Maultaschen in der Brühe« als Vorspeise und endet mit »Gerösteten Maultaschen mit Ei überbacken und gemischtem Salat«.

Auf der Karte wurde von Klaus Peter Kuch das klassische Maultaschenspektrum mit der neuen Variante Maultaschen mit Blutwurst gefüllt auf Sauerkraut (14,– DM) erweitert. Der »Karlsruher Zwiebelrostbraten mit hausgemachten Spätzle und Salat (24,– DM) erinnert an die Herkunft von Kurt Klein. In für Nichtschwaben eigentümlichen Kombinationen werden der Wurstsalat Straßburger Art mit Bratkartoffeln (16,50 DM) und Schupfnudeln mit Apfelkompott (12,– DM) angeboten. Auf der Weinkarte überwiegen die badischen Weine vom Kaiserstuhl und Markgräfler Land.

»...ein schönes Mägdelein war auch dabei«, besingt der Schlager weiter den romantischen Ausflug nach Schöneberg. Aber auch mit anderen lieben Menschen kann man in der warmen Jahreszeit in der mit hohen Hecken eingewachsenen Straßenwirtschaft ein verstecktes, lauschiges Plätzchen finden.

Malerische Oase mit Efeugerank

Restaurant »Lucas«

Von einem Restaurant, das wie der berühmte Maler Cranach den Vornamen »Lucas« trägt, erwartet man klassischen Stil. Altes Efeu rankt sich malerisch an dem großbürgerlichen Eckhaus aus der Gründerzeit empor. Der Eingang führt in einen turmähnlichen Vorbau und erweckt den Eindruck, man betrete eine kleine Burg. Im Biergarten sitzen die Gäste von ausladenden Markisen behütet und durch dichte, grüne Hecken vor der Straße geschützt. Der wenige Verkehr in der mit alten Bäumen gesäumten Cranachstraße im ruhigen Friedenau lässt einem Nachrichten vom drohenden Berliner Verkehrskollaps wie ein Gerücht erscheinen.

In Kontrast zur Gartenwirtschaft steht der helle und fast nüchtern wirkende Innenraum. Die Schanktheke wurde in die Mitte des Gastraumes platziert. Ein mit Tiermotiven bemalter Fries läuft ringsum an der Wand, die mit farbig marmorierten Paneelen verziert ist. Das Holzmobilar ist einfach und weist lediglich mit runden und rechteckigen Tischen auf eine Bistro- und Restaurantunterteilung hin. Der offen zugängliche Nebenraum bleibt den Nichtrauchern vorbehalten.

Lucas
Cranachstraße 39/40
12157 Berlin-Friedenau
Telefon 030 - 855 10 26
Täglich ab 16.30 Uhr,
im Sommer früher

Fünfzehn Jahre nach der Eröffnung gab an Weihnachten 1999 Roger Rekau, der aus Grenzach bei Basel nach Berlin gekommen war, die Leitung des »Lucas« an seinen langjährigen Mitarbeiter und Koch Heiko Muchow weiter. Doch immer wieder steht er noch hinter dem Tresen, hilft aus und unterhält sich mit seinen befreundeten Stammgästen.

Die badische Tradition des »Lucas« führt Heiko Muchow mit dem schwäbischen Koch Dieter Grundler aus Eßlingen weiter. »Der Heiko schabt die besten Spätzle in ganz Deutschland«, hebt der frü-

here die besonderen Fähigkeiten des jetzigen Wirts hervor, »das habe ich ihm gelernt, aber er kanns besser als ich!« Bei soviel Lob kann die Frage nicht ausbleiben, aus welcher Ecke Badens Heiko Muchow denn stamme. »Der ist aus dem damaligen Ostberlin«, überrascht die Antwort, »gleich nach der Öffnung ist er rübergekommen und hat bei mir angefangen.« Heiko Muchow nickt lächelnd dazu und wird wieder in die Küche gerufen. Wahrscheinlich muss er dringend ans Brett, weil jemand Käs'spätzle bestellt hat.

Der Bistrocharakter des »Lucas« spiegelt sich in der Speisekarte wieder, die bei fast allen Gerichten die Wahl zwischen »kleinen« und »normalen« Portionen anbietet. Sie liest sich wie eine badisch-schwäbische Musterkarte für den kleinen bis mittleren Hunger. Aus ihr sind die Maultaschen »Lucas« mit Sauerkraut, Speck, Walnüssen und Rosinen (9.80/16.80 DM) als eigene Kreation des Hauses zu erwähnen. Der Schwäbische Zwiebelrostbraten mit Butterspätzle und Salat (24,– DM) wird dagegen als Klassiker serviert. Bei der kalten Küche fällt der Ochsenmaulsalat (7,–/9,– DM) ins Auge, der in Berlin als sehr exotisch gelten dürfte. Bei den Desserts rundet ein Schwarzwälder Tannenhonigparfait mit frischen Früchten (7,80 DM) die Erinnerung an die badische Heimat ab. Neben der badisch-schwäbischen Karte werden auf der Wochenkarte »überregionale« Gerichte angeboten.

Bei den Weinen überwiegen vor den württembergischen die badischen Sorten vom Kaiserstuhl. Aus Württemberg werden zu den weißen und roten Landweinen lediglich zwei Rotweinsorten Güglinger Kaiserberg angeboten.

Als das »Lucas« einen schwäbischen Bierlieferanten suchte, kam es mit der Brauerei »Stuttgarter Hofbräu« überein und handelte ein Exklusivabkommen aus. Seit zwölf Jahren gibt es den schwäbischen Gerstensaft in Berlin nur im »Lucas« frisch gezapft. Regelmäßig werden die Bierfässer direkt aus Stuttgart geliefert und in dem großen Keller gelagert.

Die Pankower Prinzen

Restaurant
»Prinzipium«

Die kleine alte Dorfkirche aus dem 13. Jahrhundert steht einsam mitten auf dem ehemaligen Dorfanger von Pankow. Im Laufe der Zeit hat sie viele bekannte Personen der Geschichte gesehen, die an ihr vorbeipromenierten, sie zu Pferde passierten, in einer Kutsche oder schweren Staatskarossen vorüberfuhren. Nicht weit entfernt liegt das Schloß Niederschönhausen. Bekannt wurde es auch als Residenz von Elisabeth-Christine, der ungeliebten Gemahlin Friedrich des Großen. Die DDR-Führung benutzte das Schloss als Präsidentensitz und später gerne als Gästehaus. Die letzten Staatsgäste zu DDR-Zeiten waren Michail und Raissa Gorbatschow. In Pankow, dem »Zehlendorf des Nordens«, wohnten auch die Prominenten der DDR in den schönen erhaltenen Villen und Bürgerhäusern aus der Gründerzeit.

Prinzipium
Wolfshagener Straße 68
13187 Berlin-Pankow
Telefon 030 - 47 53 77 69
Mo – Sa ab 12 Uhr, So ab 10 Uhr,
dienstags Ruhetag

Bei der Dorfkirche geht die Eintrachtstraße ab und mündet in die Wolfshagenerstraße. An der Ecke führen die Brüder Peter und Georg Prinz seit 1996 einträchtig das »Prinzipium«. Für die ehemalige Kneipe »Panke Eck« fanden sie einen Namen, der mit ihrem eigenen und seiner lateinischen Bedeutung spielt. Sie renovierten das alte Restaurant, bewahrten dabei die Fenster mit ihren bleiverglasten Motiven und richteten es mit einfachem dunklen Mobilar ein. Die weiß gedeckten Tische und die vielen beleuchteten Bilder sorgen dennoch für eine helle Atmosphäre. Auch für Pankow war ein Restaurant, dessen Slogan »Aus Prinzip schwäbisch« heißt, etwas Neues.

»Nach meiner Ausbildung begannen meine Wanderjahre als Koch. Bevor ich 1985 nach Berlin kam, kochte ich in verschiedenen Restaurants in Schweden, Österreich und Westdeutschland«, erzählt Peter Prinz. Sein Bruder Georg blieb in der Nähe ihres Heimatortes

Baiersbronn und lernte Koch in Kniebis. In ihrem Restaurant »Prinzipium« ist er für den Service zuständig.

In den Räumen finden Künstler die Möglichkeit, ihre Bilder auszustellen, denn es wird als Galerie und Restaurant firmiert. Peter Prinz hatte schon lange die Idee, in einem eigenen Betrieb moderne Kunst und gute Küche zu verbinden. Er lässt sich von den Kunstwerken inspirieren und kreiiert zu den Vernissagen spezielle Menüs. »Nein, ich male keine Bilder«, winkt er freundlich auf die Frage ab, »aber interessiert hat mich Kunst schon immer. Vielleicht kommt bei mir ein verstecktes Talent beim Zuckerblasen zum Vorschein. Leider komme ich kaum mehr dazu.« Peter Prinz beherrscht die alte Konditortechnik, aus zähflüssigem Zucker kunstvolle Figuren wie ein Glasbläser zu formen.

Auf der Karte fallen unter den schwäbischen Klassikern ein marinierter Rettichsalat (6,20 DM) ins Auge, der mit einer Marinade aus grobkörnigen Senf serviert wird. Geflügelliebhaber können sich Putenbrustmaultaschen in Tomaten-Basilikumsauce (15,80 DM) bestellen. Die Wochenkarten laden zu schwäbischen Entdeckungen ein, wie Ochsenmaulsalat mit Bratkartoffeln (16,– DM), Schupfnudeln mit Ziegenleber, Zucchini und gemischtem Salat (15,80 DM) oder gefüllte Kalbsbrust in Rieslingrahm, Spätzle und gemischter Salat (25,– DM). Bei den Desserts kann ein Rhabarberkompott mit Vanilleeis und Sabajone überbacken (8,– DM) oder ein kleiner Apfelkaramelpalatschinken mit Vanilleeis (6,– DM) von der Standardkarte abweichen.

Die Weinkarte führt Rot- und Weißweine von der Weingärtnergenossenschaft Roßwag bei Vahingen/Enz, der Winzergenossenschaft Gengenbach aus dem badischen Anbaugebiet Ortenau und vom Weingut des Fürsten zu Hohenlohe-Öhringen. »Wir haben Stammgäste, die fahren nur für unseren 97ger Helfensteiner Kabinett aus Roßwag durch die ganze Stadt«, lachen die beiden Brüder und freuen sich über so viel Heimatverbundenheit. Aber sie kommen ihren Landsleuten auch entgegen und liefern bei anfallenden Festlichkeiten ein schwäbisches Buffet ins Haus.

Jeden Sonntag bauen sie eine reichhaltige Brunchtafel zu einem Pauschalpreis inklusive der Frühstücksgetränke auf (23,– DM). »Kinder unter 130 cm brunchen umsonst«, fügt Georg Prinz an und deutet auf die Meßlatte an der Wand. »Aber auf den Zentimeter kommts dabei nicht an!«, beruhigt er schmunzelnd. Da lassen die beiden »Prinzen« die Kirche im Dorf.

Schwarzwälder Bauernstube im Wohnblock

Weinrestaurant »Spirale«

Die schnurgerade Levetzowstrasse, die das Hansaviertel mit der Gotzkowskybrücke verbindet, ist schwer mit einer »Spirale« in Verbindung zu bringen. Dass in der Längsseite eines gesichtslosen Wohnblocks plötzlich ein rustikales Schwarzwaldhaus mit Butzenscheiben zum Einkehren einlädt, überrascht den Spaziergänger. Schon seit 1976 wird in dem Restaurant »Spirale« badische und schwäbische Küche gepflegt. Aus dieser Zeit hat sich auch die Einrichtung erhalten. In Eckbanknischen sitzt man unter ziegelgedeckten Dachtraufen und schaut auf die dunkelholzige Ladenwand aus der Gründerzeit, die hinter der Theke als Flaschen- und Gläserregal dient. Ein großer, bunter Blumenstrauß auf dem breiten Tresen gibt der kleinen Schwarzwälder Bauernstube eine frische Heiterkeit. Über der Theke hängen große Spiralkorkenzieher, deren aufgedrehte Korken als Lampenschirme dienen. Ursprünglich sollte noch eine Wendeltreppe in einen weiteren Gastraum im Untergeschoss führen, der aber nicht gebaut wurde. Von der nie existierenden Treppe und den großen Spiralkorkenziehern unter der Decke leitet sich der ungewöhnliche Name des Restaurants ab. Hinter dem Tresen und in der Küche steht Johann Studinger aus Waldshut, ein Alemanne, wie er selbst betont. Seit 1976 leitet er mit einer kurzen Unterbrechung sein Lokal mit deutlichem Schwerpunkt auf badischen Gerichten.

Spirale
Levetzowstraße 19
10555 Berlin-Tiergarten
Telefon 030 - 391 85 92
täglich 17 – 1 Uhr

Alemannisch vespern lässt es sich in der »Spirale« mit einem dünn aufgeschnittenen Rettich und einer warmen Laugenbrezel (5,– DM), einem badischen Wurstsalat mit Käse (14,– DM) oder einer Schlemmerplatte für zwei Personen mit Schwarzwälder Schinken und verschiedenen Käsen (38,– DM). Der Standardkarte, auf der natürlich Maultaschen und Käsespätzle nicht fehlen, liegt eine

Tageskarte bei, auf der auch alemannisch gefärbte Menüs angeboten werden. Einer badischen Kartoffelsuppe mit Steinpilzen, einem Badener Häxle ohne Knochen, mit Sauerkraut, gratinierten Kartoffeln und frischen grünen Böhnchen können als Nachtisch badische Apfelküchle mit Sahne und Vanilleeis (26,– DM) folgen. Etwas Ausgefallenes bietet die Spirale mit ihren acht verschiedenen Suppen (7,– DM), die von einer Flädlesuppe, einer Maultaschensuppe, zu badischer Kartoffelsuppe und Schneckensüpple gehen. Viele Hauptspeisen sind Wildgerichte, die mit Waldpilzen, handgeschabten Spätzle vom Brett und einer dunklen Bratensauce serviert werden. Aber Johann Studinger ist kein strenger Patriot, gerne macht er kulinarische Ausflüge zu den Nachbarn in der Pfalz und im Frankenland. »Der Wein muss zum Essen passen«, sagt er und bietet zu der großen Auswahl badischer Burgunderweine auch württembergische, fränkische und pfälzische Weine an. Biertrinker können ein frisch gezapftes Fürstenberg Pils und Mineralwassertrinker ein Teinacher Gourmet geniessen. Mit diesen Getränken ist er im Schwarzwald geblieben.

Das Restaurant »Spirale« hat sich mit alemannischer Beharrlichkeit gegen alle Veränderungen Berlins behauptet. Eine Zeitreise zu einer badischen Enklave der siebziger Jahre ist genauso möglich, wie eine zeitlose Reise in die Bauernstubenromantik des Schwarzwalds.

Der »Besen« in Wilmersdorf

Weinstube »Besenwirtschaft«

Berufliche Gründe ihres Mannes verschlugen die Berlinerin Antje Rückholz in den siebziger Jahren nach Heilbronn. Von der fremdartigen, süddeutschen Lebensweise und den schwäbischen Besenwirtschaften tief beeindruckt, eröffnete sie nach ihrer Rückkehr an die Spree 1974 in der Uhlandstraße ihre eigene »Besenwirtschaft«. Mag es Zufall oder Bestimmung sein, dass der Straßenname auf den schwäbischen Dichter Ludwig Uhland zurückgeführt wird.

Den Eingang der Berliner »Besenwirtschaft« ziert ein Reisigbesen, wie ihn die Besenwirtschaften als Zeichen auf die Straße hängen, dass sie geöffnet haben. Die Weingärtner dürfen jedes Jahr eine begrenzte Zeit lang ihren eigenen Wein ausschenken. Ursprünglich öffneten sie dafür die Türen ihrer Wohnungen für Jedermann. Die Gäste saßen zwischen den Familienfotos auf dem Sofa, schlürften ihren Wein und warteten auf das einfache Essen, das in der Küche zubereitet wurde. Mittlerweile haben viele »Wengerter«, wie die Weingärtner auf schwäbisch genannt werden, den Keller ausgebaut oder gleich im Grundriss des neuen Aussiedlerhofes eine Besenwirtschaft mit eingeplant. Das rechnet sich, in dieser Hinsicht kann den Schwaben ruhig vertraut werden. Ein guter »Besen« läuft fast von alleine, allerdings nur bis die Fässer leer sind. Denn dann wird die Besenwirtschaft für die restliche Zeit des Jahres bis zum neuen Wein geschlossen.

Besenwirtschaft
Uhlandstraße 159
10719 Berlin-Wilmersdorf
Telefon 030 - 881 16 23
täglich ab 18.00 Uhr

Dagegen bleibt die »Besenwirtschaft« in Berlin ganzjährig geöffnet; es wird ja auch kein Weinberg bewirtschaftet und somit müssen auch keine Fässer »viertelesweise« für den neuen Wein geleert werden. Ein kleine Treppe führt zu dem kleinen Ladenlokal mit den großen Fenstern hoch, die als beliebte Sitznischen genutzt werden. Auf Wandbänken rücken die Gäste zusammen, kommen sich näher und

ins Gespräch. Die Decke wurde mit schwarzer Farbe angemalt und gibt dem Raum eine niedrigere Wirkung. Die Wände schmücken alte Stiche, während sich über der Weinbar dekorative Weintrauben entlang einer horizontalen Stange winden. Sie dient auch als Ladentheke. Die »Besenwirtin« Antje Rückholz hält seit Jahren den freundschaftlichen Kontakt zu den Weingärtnern der Heilbronner Gegend, die sie beliefern. Alle Weine, die auf der Karte stehen, können auch im »Ladenverkauf« unter einer extra Preisliste erworben werden. Viele nützen die Gelegenheit, um sich nach »Feierabend« mit einem guten Tröpfchen zu versorgen.

Gerne kehren Theatergänger und Konzertbesucher zur Besenwirtin Antje Rückholz in die »Besenwirtschaft« ein, stärken sich mit schwäbischen Spezialitäten und lassen bei einem guten Glas Wein das soeben Gesehene oder Gehörte gemeinsam Revue passieren. An der Pinnwand hängen Fotos fröhlicher Abende mit illustren Stammgästen.

Die »Überzeugungsschwäbin« Antje Rückholz steht selber in der Küche, kümmert sich um den Service und die Gäste. Nach Tradition der Besenwirtschaften sind die Gerichte einfach gehalten und reichen von einem Teller Käsewürfel mit Oliven (6,50 DM), einem warmen Zwiebelkuchen (4,50 DM) bis zu Maultaschen auf Rucolapesto (15,–DM). Mit »Heilbronn meets Hawaii« könnte der Winzertoast umschrieben werden, bestehend aus Leberkäs' mit Ananas und Käse überbacken (10,– DM).

Im Sommer stehen unter dem Reisigbesen Tische und Stühle auf dem Gehweg. Mit den großen geöffneten Straßenfenster wirkt das Lokal eher wie ein Pariser Bistro und weniger wie eine Heilbronner Weinstube. Aber schließlich befindet sich die »Besenwirtschaft« in Berlin in der Nähe der Pariser Straße.

Auf der Uferterrasse am Schifffahrtskanal

Restaurant »Söhnelhof«

Von der großen Stadt ist hier draußen nichts mehr zu spüren. Die Straße führt durch einen dichten Wald, und man kann leicht die schmale Abfahrt zum Restaurant »Söhnelhof« verfehlen. Der Weg hierher führt über Wannsee nach Kohlhasenbrück, benannt nach Kleists Novelle »Michael Kohlhas«, an der Stadtgrenze im Südwesten Berlins am Teltowkanal gelegen.

Jahrelang war der »Söhnelhof« unter Paddlern und Ruderern als »Söhnel-Werft« für Sportboote des Typs Kanadier bekannt. Auf alten Fotos kann man erkennen, dass schon bei der Eröffnung 1934 in dem Fachwerkhaus neben der kleinen Werfthalle ein Lokal mit Uferterrasse am Teltowkanal betrieben wurde. Die Bäume sind mit den Jahren mächtig gewachsen und geben dem »Söhnelhof« das richtige Ambiente, um im Sommer der stickigen Stadt zu entfliehen und sich unter schattigen Baumkronen zu erholen. Auf dem Teltowkanal, der die Flüsse Dahme und Havel verbindet, tuckern Frachtkähne vorbei. Langeweile kommt beim Schlürfen des Nachmittagskaffees nicht auf.

Söhnelhof
Neue Kreisstraße 50
14109 Berlin-Kohlhasenbrück
Telefon 030 - 805 20 72
Im Winter: 12.00 – 18.00 Uhr
Im Sommer : 12.00 – 21.00 Uhr
Montag und Dienstag Ruhetag

Heidi Herzog, aus Hechingen, lebte mit ihrem Mann lange Zeit in Stuttgart. Gert Herzog arbeitete im dortigen Hotel Graf Zeppelin als Koch. Hier lernte der Kärntener die Feinheiten der schwäbischen Küche kennen. Ende der achtziger Jahre übernahmen Heidi Herzog und ihr Mann den »Söhnelhof« von ihren Eltern, die zuvor das Restaurant betrieben hatten. Als häufige Gäste fühlten sie sich schon lange mit dem »Söhnelhof« verbunden. Das Ehepaar Herzog richtete sich in der idyllischen Abgeschiedenheit am Teltowkanal ein.

»Am Wochenende kommen die Ausflügler, da haben wir viele Essen, aber unter der Woche ist es ruhig hier draußen«, antwortet die Wirtin auf die Frage nach den Öffnungszeiten, »am besten ist,

man ruft vorher an.« Wie auf dem Lande schließt die Küche mit Anbruch der Dunkelheit. Heidi Herzog legt viel Wert auf das gute und langjährige Verhältnis mit ihren Stammgästen, die sich daran gewöhnt haben, vor der Anreise erst mal den Sonnenstand zu prüfen. »Ausflugsrummel wie auf der Pfaueninsel mögen wir nicht,« stellt sie mit Entschiedenheit fest.

Gert Herzog bietet neben der Wochenkarte eine Mischung aus schwäbischer und österreichischer Küche. Neben den schwäbischen Maultaschen in Butter gebraten mit Schnittlauchsoße und Salatschüssel (22,– DM), Saure Nieren mit Kartoffeln und Salatschüssel (23.– DM) oder einem Zwiebelrostbraten mit Spätzle und Salatschüssel (32,50 DM) findet man einen österreichischen Wiener Tafelspitz mit Meerrettichsoße, Wirsinggemüse und Kartoffeln (28,– DM). Bei den Rot- und Weißweinen bleibt der »Söhnelhof« bei den württembergischen Anbaugebieten um Heilbronn und Roßwag. Aus Baden kommt ein Gottenheimer Kirchberg.

Wenn vom Kanal die Abendkühle über die Uferwiese kriecht, die Blätter auf die Biergartentische fallen, lädt die gemütliche Gaststube in das alte Gemäuer ein. Hier hätte es Michael Kohlhas gefallen. Nach einem Teller Flädlesuppe und Maultaschen, die ihm sicher gut geschmeckt hätten, wäre auch er von der alten Kuckucksuhr zum Aufbruch erinnert worden.

»Zum Wohle ällerseits«

Badische und württembergische Weinhandlungen

Die Römer besiedelten das Schwabenland und brachten den Weinanbau mit. Damit konnten sich die Schwaben anfreunden, aber nicht mit den Besetzern. Noch bis in die heutige Zeit meidet der schwäbische Weintrinker den Trinkkelch »Römer« und bevorzugt das Henkelglas, das »Viertele«. Nicht dass der Schwabe nachtragend wäre, aber er vergisst halt nichts.

Die Alemannen, die mehr als die Schwaben mit lateinischen Sprachen in Berührung kamen, sprechen von »Winzer«, wenn sie »Weingärtner« meinen. Winzer leitet sich vom mittelhochdeutschen »winzürl« her, das mit dem lateinischen vinum »Wein« eng verwandt ist. Ursprünglich bedeutete es »Weinleser«. Im Schwäbischen wird aus Weingärtner ein »Wengerter« und aus dem Weingarten ein »Wengert«. Trotzdem wird der Wein in keinem Garten, sondern im »Weinberg« angebaut, auch wenn das Anbaugebiet eben liegt.

Badische Winzer haben sich in Winzergenossenschaften zusammengeschlossen, württembergische Weingärtner in Weingärtnergenossenschaften. Ob Winzer oder Weingärtner, beide pflanzen sie Rebstöcke, klagen übers Wetter, verscheuchen Stare, sind gegen Rebläuse, lesen im Herbst, keltern die Trauben, machen Wein und wählen Weinköniginnen.

Weinköniginnen können nur Winzer- oder Weingärtnertöchter werden, und zwar nur eine, sollte es Geschwister geben. Kommt die große Ehre auf eine Familie zu, wird von ihr die schönste Tochter erwählt, die dadurch die besten Heiratsangebote des Dorfes erhält. Wegen ihres blendenden Aussehens hätte sie sich sowieso keine Sorgen machen müssen, die macht sich jetzt ihre Schwester. So kommt es, dass in traditionsreichen Weinanbaugebieten in Baden-Württemberg reichlich Einheiratsmöglichkeiten in Weingüter vorhanden sind.

Es ist lohnend, sich auch in Berlin darüber Gedanken zu machen, am besten bei einem guten Glas Wein.

Eine Wanderung entlang der badischen Weinstraße

»Markgräfler Weinhandlung«

Eine Zeit lang konnte Peter Biskup mit dem Weinverkauf sein Studium finanzieren. Aus Müllheim im Markgräfler Land war er nach Berlin gekommen und wollte Sozialpädagoge werden. Die Stadt war groß und das Geld war knapp. Also musste er sich etwas behelfen. Die Freunde und Kontakte saßen im Markgräfler Land in den Winzergenossenschaften, und in Berlin mangelte es an gutem badischen Wein. Da war es von der Idee zur Tat nur noch ein kleiner Schritt. Zum Schluss nahm ihn die Finanzierung seines Studiums durch den Weinverkauf so sehr in Anspruch, dass er das Studium abbrechen musste. So ging Berlin ein Sozialpädagoge verloren, gewann dafür aber die »Markgräflicher Weinhandlung« in der Kaiser-Friedrich-Straße an der Ecke zur Schustehrusstraße.

Markgräfler Weinhandlung
Peter Biskup
Kaiser-Friedrich-Straße 6
10585 Berlin-Charlottenburg
Telefon 030 - 341 90 79
Mo. – Fr. 10.00 – 18.30 Uhr
Sa. 10.00 – 14.00 Uhr

Seit 1977 ist der Eckladen der Umschlagplatz für badische Weine in Berlin. Lange Jahre betrieb Peter Biskup die Weinhandlung mit Mick Leiner, der nach siebzehn gemeinsamen Jahren sein eigenes Weingeschäft »Weinleiner« in der Goethestraße eröffnete. Seit 1995 ist Peter Biskup zusammen mit dem Speditionskaufmann Dieter Kirchhofer aus Kehl auch Geschäftsführer im »Badischen Weinhaus« in Berlin-Schöneberg. Doch wer ihn in seinem Element erleben möchte, muss in die »Markgräfler Weinhandlung« kommen. Hier, zwischen den ungefähr 650 Sorten Wein aus dem Badener Land, hat er sein tägliches Heimspiel. In dem großen Laden führt er Weine von fast allen Winzergenossenschaften aus dem Markgräfler Land und vom Kaiserstuhl. Auggen, Schliengen, Badenweiler, Müllheim, Britzingen, Ehrenstetten, Ebringen, Oberrotweil, Hügelheim, Ihringen, Endingen, Bischoffingen, Oberbergen, Königschaffhausen sind die klingenden Namen der Weinorte, um nur die bekanntesten zu nennen. Aber auch die Weinregion Bodensee ist mit den Weinen des Staatsweingutes Meersburg vertreten. In der Region Ortenau geht die Reise durch die Weingüter von Sasbachwalden, Kappelrodeck und Waldum. Bei den Erzeugerweinen liest man Etiketten der Weingüter Blankenhorn, Engler, Marget, Soder Schloßgut Istein, Mißbach, Nageleisen, Bercher, Dörflinger, Knab, Huber, Johner, Behringer, Heitlinger und Heger. Seine großen Regale abzuschreiten gleicht einer Wanderung entlang der südlichen Badischen Weinstraße.

Die schwäbischen Brüder der badischen Alemannen, die ja auch von den Römern den Weinanbau erlernten und zur Könnerschaft entwickelten, kommen mit Rotweinen der Rebsorten Trollinger, Dornfelder, Lemberger und Samtrot aus den Weinlagen um Flein-Talheim, Großbottwar, Kleinbottwar und Beilstein zu Wort. Bei den württembergischen Erzeugerweinen sind die Weingüter Amalienhof und Graf Adelmann vertreten, von dem auch Rieslingweine aus dem Bottwartal angeboten werden.

Eine kleine Besonderheit stellt die Auswahl Schweizer Weine dar. Peter Biskup überschreitet auch die Landesgrenze im Dreiländereck und geht weiter in die Elsässer Weinregion und zu den klassischen Weinregionen in Frankreich. Und weil die Badener ein weltoffener Menschenschlag sind, können Urlaubserinnerungen oder ein Vorgeschmack auf ferne Regionen aus Österreich, Spanien, Portugal, Kalifornien, Neuseeland, Chile, Südafrika und Australien mit nach Hause getragen werden.

Die Edelweinbrände aus Baden bilden einen weiteren Schwerpunkt in der Markgräfler Weinhandlung. Auch Essige der Winzergenossenschaften aus guten Weinen fallen ins Auge. So gibt es einen Britzinger Weißweinessig von einem Weißburgunder Spätlese. Dazu passend kommt aus der Ölpresse der Winzergenossenschaft Ehrenstetten ein kaltgepresstes Traubenkernöl.

Peter Biskup nimmt im Gespräch kein Blatt vor den Mund und zeigt sich als profunder Weinkenner. Sein Wissen gibt er gerne weiter und veranstaltet in seiner Weinhandlung Seminare, beispielsweise zum Thema Sensorik. Bei einer geführten Verkostung schärfen die Teilnehmer ihre Sinne und lernen, wie sie ihre Wahrnehmung in Worte fassen können. Schon nach wenigen Proben soll es viel flüssiger gehen.

Die schwäbische Weinprinzessin aus Moabit

»Weinhandlung Württemberg«

»Nein, Weinkönigin war ich noch nicht«, lacht die Wengertertochter Margit Münzing, »aber meine ältere Schwester. Ich habe es nur zur Prinzessin gebracht.« Trotzdem kann sich der Kunde in der »Weinhandlung Württemberg« als König fühlen. In der ruhigen Kirchstraße, die gegenüber der St. Johanniskirche von der Straße Alt-Moabit abzweigt und zum S-Bahnhof Bellevue führt, hat Margit Münzing im Herbst 1997 ihre »Weinhandlung Württemberg« eröffnet. Vorher hatte sie als Architektin gearbeitet. Als es in Berlin mit der Architektur etwas ruhiger wurde, überlegte sie, dass in die vielen neuen Büros nicht nur Berliner, sondern auch Schwaben einziehen würden. Jetzt hat die fröhliche Weingärtnertochter aus Flein-Talheim gut lachen. In der Nähe des Bundesministerium des Innern, des Bundespräsidialamtes, dem Amtsgericht, dem Kriminalgericht, dem Verwaltungsgericht und dem neuen Bürokomplex auf dem Gelände der ehemaligen Meierei Bolle sind schon einige Schwaben als Richter, Staatsanwälte, Rechtsanwälte, Ministeriumsangestellte und Manager »um den Weg«. Aber auch die Berliner Nachbarschaft kommt gerne und probiert bei einem »Schwätzle« den Rebensaft.

Weinhandlung Württemberg
Kirchstraße 23
10557 Berlin-Tiergarten/Moabit
Telefon 030 - 391 00 730
Mo. – Do. 11.00 – 19.00 Uhr,
Fr. 10.00 – 19.00 Uhr,
Sa. 10.00 – 14.00 Uhr

Die Läden in der Kirchstraße haben sich zu einer Interessengemeinschaft zusammengetan und veranstalten einmal im Jahr das »Kirchstraßenfest«, bei dem die Kapelle mit dem nach Aktenvorgang klingenden Namen »Band der Richter des Verwaltungsgerichts« die Attraktion darstellt. Die Vorbereitungsbesprechungen werden gerne bei Margit Münzing bei einem guten Tropfen aus Württemberg abgehalten. Es überrascht nicht, dass in den Regalen die Auswahl an Weinen aus ihrem Heimatort Flein und der Heilbronner Gegend

überwiegt. Wie ihr Vater Martin Münzing mit seinem Weingut in der Weingärtnergenossenschaft Flein-Talheim ist, blieb auch Margit Münzing Mitglied in der Genossenschaft. Von den circa 250 Sorten im Angebot der »Weinhandlung Württemberg« sind ungefähr 100 Sorten aus den Weinanbauflächen um Flein, Talheim, Heilbronn, Willsbach und Lauffen. Immer wieder fährt Margit Münzing zu den Genossenschaften, hält den direkten Kontakt und kauft für ihre Weinhandlung ein. So kann sie auch die verzweifelte Sehnsucht von Stuttgarter Ministeriums-Schwaben nach heimischen Weinen wie einem Cannstatter Zuckerle, einem Cannstatter Berg und einem Stuttgarter Kriegsberg nachkommen und ihnen ein Schlückchen gemütliche Heimat bieten. Margit Münzing studierte in Konstanz, lebte längere Zeit in Hessen und ihre Schwester hat einen Pfälzer Winzer geheiratet. Diese Stationen und Ereignisse ihres Lebens spiegeln sich im Angebot der Weine wider, die nicht aus Württemberg stammen. In Konstanz genoss sie als Architekturstudentin die badischen Weine, in Hessen lernte sie ihren Mann bei einem Glas Wein aus Rheinhessen kennen, und mit dem Verkauf der Pfälzer Weine aus Meckenheim und Ellerstadt unterstützt sie gerne den Schwager aus der Pfalz. Aber auch Weine aus anderen deutschen Anbaugebieten wie Rheingau, Nahe, Ahr, Franken, Mosel-Saar-Ruwer sind zu haben. Eine große Auswahl an Pfälzer Schnäpsen und Bränden werden im offenen Ausschank angeboten und abgefüllt.

Wer schon weiß, welchen Wein er gerne möchte, kann sich innerhalb Berlins frei Haus beliefern lassen. Die Unsicheren oder Neugierigen lädt Margit Münzing regelmäßig zu themenbezogenen Weinproben ein. Wer zu diesen Terminen nicht kommen kann, wird immer gerne zu einem Probiergläschen und einer ganz persönlichen Beratung eingeladen.

Weinmission mit Straßenverkauf

»Sieke's Weinhaus«

»Wir sind hier keine Weinhändler, sondern Missionare.« Mit diesem Credo beschreibt Wulfram Klesser humorvoll seine Berufung, »besonders beim deutschen Rotwein.« Aber wie uns die Geschichte gelehrt hat, können aus kleinen Missionskirchen später Kathedralen werden. Im Berlin-Mitte, in der Chausseestraße, haben Jochen Sieke, ehemaliger kaufmännischer Direktor eines Berliner Hotels und sein Partner Wulfram Klesser, früherer Direktionsassistent eines anderen Hotels, ihr Weinhaus errichtet. Hier laden der Sauerländer und der Niedersachse regelmäßig zu Weinseminaren ein, um dem Völkergemisch in der Hauptstadt die zehn Gebote des genußvollen Weintrinkens nahe zu bringen. Von gegenüber grüßen das Spartakusdenkmal und das Bertholt-Brecht-Haus. Die Umgebung stimmt also, auch Revolutionäre sind keine Kostverächter und glauben an eine Sache.

Sieke's Weinhaus
Chausseestraße 15
10115 Berlin-Mitte
Telefon 030 - 30 87 29 80
Weinhandlung:
Mo. – Fr. 10.00 – 18.30 Uhr,
Sa. 10.00 – 14.00 Uhr,
Restaurant:
täglich 12.00 – 24.00 Uhr

Die beiden Quereinsteiger eröffneten im Jahr vor der Jahrtausendwende »Sieke's Weinhandlung« und ein durch eine Treppe erreichbares, darüber befindliches Restaurant. Im Sommer wird zusätzlich eine kleine Terrasse im Innenhof bewirtschaftet. Der Hausbesitzer aus Donaueschingen empfahl ihnen nicht nur die Brauerei Fürstenberg, sondern brachte auch Kontakte zu den Winzergenossenschaften aus dem Markgräfler Land mit. »Ehrlich gesagt, ein Zufall«, bekennt Wulfram Klesser, »aber seither liegt unser Schwerpunkt bei den badischen Weinen.« Die inzwischen sehr guten Kontakte zu der Winzergenossenschaft Britzingen im Markgräfler Land spiegelt sich in der großen Auswahl ihrer Weine in den Regalen wider. Allein die Lage Britzinger Sonnhole ist mit Qualitätsweinen, Spätlesen, Kabinettweinen und Auslesen, bei den Weißweinen vom Riesling, Grauer Burgunder, Weißer Burgunder, Müller-Thurgau, Muskateller, Ruländer, Gutedel, Chardonnay, Gewürztraminer und bei den Rotweinen mit Spätburgunder vertreten. Ihre jährliche Einkaufstour führt Jochen Sieke und Wulfram Klesser auch nach Ihringen am Kaiserstuhl und Waldulm in der Ortenau. Während aus Ihringen die Weißweine überwiegen, stehen aus der bekannten Rotweingegend Waldulm der Pfarrberg Spätburgunder zur Kostprobe bereit. Nach Württemberg führte sie ein günstiger Stern zu einer bekannten Verführung aus Untertürkheim. Sie konnten ihr nicht widerstehen und nahmen Flaschen des Weingutes H. P. Wöhrwag in ihr Programm. Auf ihrem Weg müssen sie durch Fellbach gekommen sein, wie anders wäre es zu erklären, daß das Weingut R. Schnaitmann mit seinen Weinen der Lage Fellbacher Goldberg das Remstal vertritt. Aus Lauffen am Neckar steuert das Weingut Eberbach-Schäfer Rotweine wie zum Beispiel einen Lauffener Riedersbückle, Lemberger und einen Lauffener Riedersbückle, Clevner bei. Ergänzt wird das Sortiment von Weinen aus Spanien, Italien, Frankreich, Südafrika, Kalifornien, Chile, Australien, Neuseeland, England und der Pfalz.

Direkt zwischen den Weinregalen und mit Boulevardblick auf die Chausseestraße können zur persönlichen Weinprobe an kleinen Tischchen kleinere Gerichte oder auch ein Teller »Klein und fein zum Wein, Käsewürfel, Schwarzwälder Schinken und Bauernbrot« bestellt werden. Im Restaurant werden auf der »täglich wechselnden Speisekarte regionale Spezialitäten von Freiburg bis Flensburg« empfohlen. Ein badischer Vesperteller mit Schwarzwälder Spezialitäten und ein Flammkuchen Baden mit Käsecreme, Zwiebeln, Speck, Champignons und Käsestiften (14,50 DM) bieten dem neuen Mitte-Bewohner, der den exotischen Reiz der ruinenattraktiven Wendezeit gegen eine hellholzige Gediegenheit eintauschen möchte, ein tägliches badisches Abendmahl zu seiner genussvollen Weinmissionierung.

Von Gläsern und Weinen

Weinhandlung »Weinleiner«

Vor dunklem Hintergrund glitzern die Gläser und Karaffen im hellen Scheinwerferlicht. Erstaunlich, wieviele unterschiedliche, edle Gläserformen es passend zu den angebotenen Weinen, Sektsorten und Bränden gibt. Über 50 Weinkaraffen stehen zur Auswahl, dazu Flaschenkühler, auch aus Keramik, und sämtliche notwendigen Accessoires zur gepflegten Weinkultur. Mit sicherem Blick für die schöne Form hat Mick Leiner in seinem Weingeschäft »Weinleiner« nicht nur das schöne, sondern auch das richtige Glas zum Wein ausgesucht. Das Auge trinkt mit, und die Nase kann im geeigneten Glas den Genuss des Gaumens vorbereiten. Der Gläserverkauf ist sein zweites Standbein geworden.

Als Mick Leiner in den siebziger Jahren aus Badenweiler nach Berlin kam, war die Idee einer Weinhandlung nicht der Anlass zu dem Ortswechsel gewesen. »Die Bundeswehr spielte dabei eine Rolle, wie bei vielen damals«, gibt er schmunzelnd zu. Mit Peter Biskup, seinem Landsmann aus dem Markgräfler Land, gründete er 1977 die Markgräfler Weinhandlung. Siebzehn Jahre führten sie die Berliner an den badischen Wein heran. »Damals fuhr man durch die ganze Stadt, um eine Flasche badischen Wein zu kaufen«, erinnert er sich. Im Herbst 1995 fand Mick Leiner in der Goethestraße, fast an der Ecke zur Schlüterstraße, ein kleines Ladengeschäft und eröffnete seine eigene Weinhandlung »Weinleiner«. In hellen, freundlichen Räumen kann zu leiser Jazzmusik in einem alten Charlottenburger Laden mit Dielenboden und Zimmerdurchgang in aller Ruhe Wein und Glas ausgesucht werden. Mick Leiner führt vor allem Erzeuger- und Genossenschaftsweine. Ein ganzes Wandregal am Schaufenster ist dabei den Weinen aus der Südwestecke Deutschlands vorbehal-

Weinleiner
Goethestraße 71
10625 Berlin-Charlottenburg
Telefon 030 - 313 55 33
Mo. – Mi. 11.00 – 18.30 Uhr
Do. – Fr. 10.00 – 20.00 Uhr
Sa. 10.00 – 15.00 Uhr

ten. Die Weine aus Württemberg kommen von Lagen bei Cleebronn, Haberschlacht und Hohenhaslach vom Weingut Storz und reichen vom Schwäbischen Landwein bis zum Hohenhaslacher Kirchberg, Lemberger Kabinett trocken. Die Württembergischen Weine bilden nicht den Schwerpunkt. Den größten Teil der badenwürttembergischen Wand decken bei einem Markgräfler natürlich die Weine aus Baden ab. Aus der Umgebung von Mick Leiners Heimatort Badenweiler kann unter Weinen aus Britzingen, Auggen, Laufen und Müllheim wie z.B. einem Britzinger Sonnhole, Weißburgunder, einem Auggener Schäf, Nobling, einem Laufener Altenberg, Roter Gutedel oder einem Müllheimer Sonnhalde, Grauer Burgunder vom Weingut Schindler ausgewählt werden. Vom Kaiserstuhl kommen Weine aus den Genossenschaften von Oberrotweil, Ihringen und Oberbergheim. Die Weinregion Ortenau ist mit Rotweinen aus Waldulm und Kappelrodeck vertreten.

Im Dreiländereck haben die Menschen schon immer über die Grenzen geschaut. Auch Mick Leiner führt ein breites Sortiment an französischen, italienischen, spanischen und portugiesischen Weinen. Aus Übersee ergänzen Sorten aus Kalifornien, Chile und Australien die internationale Weinreise.

Doch gerne führt Mick Leiner seine Kunden wieder zurück ins bodenständige Baden, bietet seine große Auswahl an Obst- und Beerenbränden der badischen Höllberg-Brennerei an. Fast zärtlich deutet er auf Schwarzwälder Schinken, Schwarzwälder Speck und Landjäger von seinem Schulfreund Georg Hofmann aus Badenweiler, der die elterliche Metzgerei weiterführt. »Nicht nur das richtige Glas gehört zum Wein, auch eine gute Unterlage ist wichtig.«

Schwäbischer Sekt aus Bad Cannstatt

»Reinhard Neumeister, Handelsvertretung«

Nur einen »Sektkorkenflug« vom Bundesplatz entfernt, hatte Reinhard Neumeister mit seiner Frau den kleinen Laden 1990 in der Tübingerstraße entdeckt. Heute hängt über der Eingangstüre als Aushängeschild ein Sektkübel nebst Sektflasche. Bei genauem Hinsehen kann man den Schriftzug der Wein- und Sektkellerei Ludwig Rilling GmbH entdecken. Kein Wunder, denn seit Anfang der achtziger Jahre vertritt Reinhard Neumeister die Stuttgarter Wein- und Sektkellerei in Berlin. Aus der Hotel- und Gastronomiebranche kommend, fand der Franke aus Würzburg, der in drei Jahrzehnten Berlin seinen Akzent verlor, in der schwäbischen Sektkellerei seinen idealen Geschäftspartner. Aus der Verbindung zwischen Neckar und Spree entwickelte sich eine wunderbare Freundschaft, die nun schon seit 1982 währt.

Reinhard Neumeister,
Sekt- und Wein-Handelsvertretung, Direktvertrieb
Tübingerstraße 6
10715 Berlin-Wilmersdorf
Telefon 030 - 853 66 23
Ladenverkauf:
Mo. – Fr. 15.00 – 18.30 Uhr

In dem kleinen Laden, der an alte Berliner Zeiten erinnert, veranstaltet das Ehepaar Neumeister dreimal im Jahr beliebte Sekt- und Weinproben. Viele Berliner Stammkunden lassen sich diese Gelegenheiten nicht entgehen, um die neuen Jahrgänge zu kosten und sie zu ordern. Denn Reinhard Neumeister ist auf Direktverkauf und Hauslieferung spezialisiert. Er nimmt die Bestellungen entgegen, leitet sie nach Stuttgart weiter. Dort wird der Rilling-Lastwagen beladen und liefert die gewünschten Waren an die Berliner Adressen aus. Dieser zuverlässige Service hat Reinhard Neumeister einen stabilen Kundenstamm beschert. »Mit den Schwaben nimmt es aber etwas zu«, sagt er und meint damit den Zuzug von Schwaben seit dem Mauerfall. Wer sich zwischen den großen Weinproben im Laden informieren möchte, findet in Frau Neumeister eine fachkundige Beraterin, die gerne zu einem Probeschlückchen einlädt.

Weil Sekt bekanntlich aus Wein gewonnen wird, kann die Rilling-Sektkellerei von ihren Bezugskeltereien eine große Auswahl an Weinen aus ganz Baden-Württemberg anbieten. Aus Baden stehen Weine von den Lagen Ihringer Vulkanfelsen, Königschaffhauser Vulkanfelsen oder Eichstetter Herrenbuck in den Kartons. Die Württembergischen Weine überwiegen und führen vom Heilbronner Staufenberg, Fleiner Kirchenweinberg über einen Löwensteiner Schozachtal ins Remstal zum Stettener Heuchelberg. Bei den Rotweinen und Weißherbstweinen kommen zu den Weinen vom Kaiserstuhl auch ein Haberschlachter Heuchelberg dazu. Stuttgart wird auch als größtes Weindorf Deutschlands bezeichnet, weil es im Tal liegt und an seinen Hängen Wein angebaut wird. Aus dieser großstädtischen Lage kann Reinhard Neumeister einen Trollinger von der Stuttgarter Weinsteige anbieten, der nicht nur den Stuttgarter »Stäffelesrutschern«[1] schmecken wird. Eine Besonderheit des Hauses Rilling ist die Tradition und Erfahrung, Sekte aus fast allen heimischen Rebsorten ihrer Weine herzustellen. Vor den Toren der Rilling-Sektkellerei in Stuttgart steigt am Neckar die bekannte, sehr gute Weinlage Cannstatter Zuckerle an, aus deren Trollinger und Rieslingen seit Jahren der bekannteste Rilling-Sekt entsteht.

»Ein weiterer Schwerpunkt ist der Geschäftskundenservice und der Präsentbereich«, erläutert Reinhard Neumeister. »Wir bieten eine große Auswahl Sekte mit speziell gedruckten Etiketten an, z.B. für Firmenjubiläen oder Hochzeiten.« Es scheint, als ob Reinhard Neumeister hier nicht nur als Weinhändler spricht, sondern die künftige Entwicklung des schwäbischen Engagements in Berlin vorausahnen würde.

[1] Soviel wie »Treppenrutscher«, Spottname der Stuttgarter, bezieht sich auf die vielen Treppen Stuttgarts, Ergebnis seiner Tallage.

Aus Kisten und Kartons

»Badisches Weinhaus Berlin«

Es bedarf genauer Aufmerksamkeit, die kleine Tafel »Badisches Weinhaus Berlin« zwischen den anderen Firmenschildern zu entdecken. Zwischen Kolonnenstraße und Sachsendamm breitet sich gegenüber einer Wohnhauszeile ein Fabrikkomplex mit mehreren Zufahrten und Fabrikhallen aus. Um zum »Badischen Weinhaus Berlin« zu gelangen, muss man die Einfahrt beim Autohändler wählen und an den Baumaschinen vorbei auf die Hallennummer 34 mit der Lkw-Laderampe zusteuern.

Der Verwunderung darüber, wie wenig Flaschen im Büro zu finden sind, folgt die Überraschung beim Betreten der 600 Quadratmeter großen Verkaufslagerhalle. In den Räumen einer ehemaligen mechanischen Werkstatt lagern auf Holzpaletten die Kartons und Weinkisten von 16 badischen Winzergenossenschaften. Das »Badische Weinhaus« entpuppt sich als deren Abhol- und Auslieferungslager in Berlin. In den Kartons stehen die Weine aus den Anbauregionen Achkarren, Affental, Auggen, Bickensohl, Bischoffingen, Burkheim, Durbach, Gengenbach, Glottertal, Jechtingen, Müllheim, Oberrotweil, Sasbachwalden, Schliengen und Waldulm.

Badisches Weinhaus Berlin GbRmbH
Naumannstraße 79/Haus 34
10829 Berlin-Schöneberg
Telefon 030 - 78 70 24 06
Do. und Fr. 15.00 – 18.00 Uhr,
Sa. 10.00 – 13.00 Uhr

1995 hat sich der Speditionskaufmann Dieter Kirchhofer aus Kehl mit Dieter Biskup aus Müllheim zusammengetan. Dieser wiederum führt seit Jahren die Markgräfler Weinhandlung in Charlottenburg, von daher die guten Kontakte zu den Winzergenossenschaften. Diese hatten sich zur Vermarktung ihrer Weine zusammengeschlossen und in Berlin eine Verkaufsmöglichkeit gesucht. In der Naumannstraße entdeckten die zwei Badener die ideale Verkaufsfläche, verkehrsgünstig gelegen und mit Laderampe. Neben den Nachbarn aus diesem Teil von Schöneberg, in dem auch das Geburtshaus von Marlene Dietrich steht, hat das »Badische Weinhaus« hauptsächlich Kunden, die mit dem Auto vorfahren und die Kartons in den Kofferraum laden.

Bekannt machte sich das »Badische Weinhaus« durch öffentliche Auftritte: beim Kürbisfest in Lehnin, bei der Eröffnung des Designtempels »Stilwerk« und bei der Bambi-Verleihung. Die meisten Kunden freuen sich aber auf die zwei groß angelegten Weinproben-Wochenenden im Frühjahr und Herbst. Für fachmännische Beratung sorgen dabei die Genossenschaftsvertreter, die aus Baden anreisen. Zur Ergänzung des leiblichen Wohls werden Schwarzwälder Rauchfleisch, badische Büchsenwurst, Schinkenspeck, Schwarzwälder Honig, Marmelade, Weingelee, kalt gepresstes Traubenkernöl oder Weinessig von badischen Eigenerzeugern angeboten. Selbstverständlich sind auch Edelbrände und Schnäpse aller Art im Ausschank.

Mit Restaurants werden badische Menü-Abende inklusive Weinproben veranstaltet. »Dabei haben auch die Restaurants von uns lernen können«, erzählt verschmitzt der Weinberater Berg, »als wir Kartoffelsuppe mit Quetschkuchen vorschlugen.« Tatsächlich ist Kartoffelsuppe mit Pflaumenkuchen ein bekanntes Herbstessen im badischen Rheintal.

Zuerst glaubt man beim Anblick der vielen gestapelten Kartons in einen Weingroßhandel geraten zu sein. Aber das Ambiente trügt. Das Badische Weinhaus funktioniert im Prinzip wie der Verkauf in einer Winzergenossenschaft in Baden. Selbst die Verkaufspreise sind die selben. Unter ungefähr 1.000 unterschiedlichen Sorten können Weine ausgewählt werden. Das sind ungefähr 80 Prozent des Angebotes der vertretenen Winzergenossenschaften. Trotz der Kistentürme und Kartonstapel wird auch eine einzelne Flasche ohne Murren verkauft. Kann sich der Weingenießer in dem großen Angebot noch nicht zurechtfinden, stellt ihm das »Badische Weinhaus« gerne auch ein stimmiges Probiersortiment zusammen, um zu Hause eine gelungenen Weinprobe selber durchzuführen. Danach kann er sich seinen individuellen Hauswein auch zu Hause anliefern lassen. Wer ganz auf Nummer sicher gehen möchte, kann seinen nächsten Urlaub als Weinreise durch das sonnige Badener Land planen, alle Winzergenossenschaften besuchen, ihre Weine probieren und danach die erwählten Tröpfchen einfach in Schöneberg von der Laderampe abholen.

Weine für den gehobenen Kreuzberger

»Weing'schäft Bernhard & Hess«

Seit 1978 verkaufen Heinz Bernhard und Jürgen Hess aus Rheinfelden in ihrem Weing'schäft in Kreuzberg badische und württembergische Weine. Ein paar Stufen nach oben erinnern die großen Schaufenster und die übersichtlichen Regale an die alten Ladenzeiten, als die Bergmannstraße der »Ku'damm von Kreuzberg« genannt wurde. Damals reihte sich ein feines Geschäft an das andere. Jetzt lebt hier die gehobene Kreuzberger Mischung. Im Einzugsgebiet liegt der Chamissoplatz-Kiez zwischen Fidicin- und Bergmannstraße, der mit seinen erhaltenen Gründerzeitfassaden immer häufiger als gute Adresse ins Gespräch kommt. In einem Fabrikhof in der Fidicinstraße 3 hat das »Wein'-gschäft Bernhard & Hess« dann auch sein Abhollager.

Weing'schäft Bernhard & Hess
Bergmannstraße 16
10961 Berlin-Kreuzberg
Telefon 030 - 692 39 12
Mo. – Fr. 10.00 – 19.00 Uhr,
Sa. 10.00 – 14.30 Uhr

Im Laufe der Jahre erweiterte es sein Angebot um Sorten aus anderen deutschen Anbaugebieten. Auch französische, italienische und spanische Weine stehen in den Regalen. Doch mit Liebe pflegen sie ihr kleines, aber feines badisches und württembergisches Sortiment. Aus dem Markgräfler Land liefert die Bezirkskellerei Efringen-Kirchen Qualitäts- und Kabinettweine, auch ein Fläschchen Eiswein Nobling 92er, Blansinger Wolfer, ist darunter. Erzeugerweine kommen vom Weingut Frick aus Binzen/Markgräfler Land, das auf biologische Anbauweise achtet und mit seinem Gutedel 98er, Markgräfler Gumsle, erfolgreich ist. Das Weingut Konstanzer aus Ihringen/Kaiserstuhl bewirtschaftet seine Weinanbaufläche im integrierten Anbau ohne Insektizide und Herbizide und heimst mit seinen trockenen Burgunderweinen steigende Anerkennung in Fachkreisen ein. Aus Württemberg ist das Weingut Eberbach-Schäfer aus Lauffen am Neckar mit seinen vollen fruchtigen Rotweinen der Rebsorten Lemberger, Trollinger und Schwarzries-

ling vertreten. Um es nicht nur bei der Theorie zu belassen, kann die Praxis immer donnerstags und freitags bis 19.30 Uhr bei wechselnden Degustationen erprobt werden. Das »Weing'schäft Bernhard & Hess« liegt in der Nähe zur Markthalle am Marheinekeplatz. So kann der Einkaufsbummel mit einem gut gereiften Wein aus Baden und Württemberg glänzend abgerundet werden.

Geliehene Autos, verkaufte Weine

»Weinhandlung Autos + Weine«

Was macht ein Badener, wenn im Kundenbüro seines Autoverleihs leere Wände sind? Ganz einfach, er stellt ein Regal davor, er füllt es mit Weinflaschen seiner badischen Winzerfreunde und hängt ein Preisschild dazu. So kam es, dass jahrelang beim U-Bahnhof Kleistpark im selben Raum eine Autoverleihfirma und eine Weinhandlung untergebracht waren. Erst als vor ein paar Jahren nebenan zusätzliche Räumlichkeiten frei wurden, trennte man die zwei branchenfremden Geschäfte. Der Handel mit Wein hatte zugenommen, und das Angebot war auf andere deutsche Anbaugebiete und internationale Weine erweitert worden. Ein »nebenher« von Autos und Weine in einem Raum war nicht mehr möglich, aber ein »zusammen« in getrennten Läden geht bis heute ausgezeichnet.

Weinhandlung Autos + Weine
Willmanndamm 18
10827 Berlin-Schöneberg
Telefon 030 - 788 12 00
Mo. – Fr. 10.00 – 18.30 Uhr,
Sa. 10.00 – 15.00 Uhr

Inzwischen heisst der Geschäftsführer Werner Puzicha und kommt aus Springe – und das liegt nicht in Baden. Trotzdem ist aus Tradition unter den mittlerweile 550 Sorten ein wohl sortiertes Weinregal aus Baden und Württemberg geblieben. Angeboten werden Erzeugerweine, die der langjährige Weinberater Ernst mit großem Engagement und Liebe zum Detail kenntnisvoll beschreibt.

Aus Heilbronn in Württemberg ist das seit Jahrhunderten in Familienbesitz befindliche Weingut Drautz-Able vertreten. Zusammmen mit vier namhaften, schwäbischen Weingütern gründete es die Winzervereinigung HADES und steht für das »D« in der Mitte. »Große Weine aus kleinen Fässern« ist ihre Maxime. In kleinen Eichenfässern, Barrique genannt, reifen vornehmlich hochwertige Rotweine und nehmen das unnachahmliche Aroma und die Farbe des Eichenholzes an. Die Auswahl an badischen Weinen fällt größer aus als an württembergischen. Das Weingut Knab aus Bah-

lingen/Kaiserstuhl ist mehrfach vertreten. Besonders wird sein fruchtiger Weißer Burgunder empfohlen, der bis kurz vor der Abfüllung auf der Hefe lagert. Im Frühjahr kommen die Winzer persönlich in die »Weinhandlung Autos + Weine« und stellen ihre neuen Weine vor. Im Angebot der badischen überwiegen die trockenen Weine sowohl bei den roten als auch bei den weißen Sorten, wie z.B. ein Hex vom Dasenstein, Spätburgunder Rotwein, Kabinett trocken, Haus Kappelrodeck.

Natürlich wird der Autoverleih geschickt für Werbezwecke genutzt. So sieht man in der ganzen Stadt bei Umzügen die Kleintransporter von »Autos + Weine«. Durch die mit Eigenwerbung bedruckten Planen wurde »Autos + Weine« über den Kiez am Kleistpark hinaus bekannt und ein Begriff unter Weinkennern und Kleintransporteuren.

Badische Weinprobe zu Hause

»Weinparadies Baden«

Als der Markgräfler Michael Bronner seinen badischen Wein-Direktverkauf Karen Kursawe anbot, überlegte sie nicht lange und griff zu. Sie hatte als Studentin der Altphilologie am Weinstand des »Weinparadies Baden« ausgeholfen. Als Bedienung und Verkäuferin jobbte sie beim Wein- und Winzerfest in Lichtenrade, dem Reichstraßenfest in Charlottenburg und Koloniefest in Mariendorf. Die Berlinerin brachte nicht nur das Interesse am Weinverkauf mit, Michael Bronner merkte sofort, dass »da ein bißchen mehr rüber kam.«

Karen Kursawe befand sich in der Schlussphase ihres Studium mit den Fächern Latein und Altgriechisch. Unsichere Berufsaussichten ließen sie das Wagnis eingehen, den Sparstrumpf zu leeren und in den Direktverkauf Badischer Weine zu investieren. Bei Reisen zu den badischen Winzergenossenschaften lernte sie die Anbaugebiete und die Menschen kennen. Die Winzer merkten sofort ihre Ernsthaftigkeit an der Sache und ihre fachliche Neugier. »Es war großartig, alle bemühten sich, sprachen hochdeutsch mit mir, zeigten und erklärten mir ihre Weine. Überall musste ich probieren, Weine, Schnäpse, Edelbrände. Es waren jedes Mal sehr heitere Aufenthalte in Baden«, erinnert sich Karen Kursawe lachend.

Weinparadies Baden
Wein-Direktverkauf
Johannisthaler Chaussee 117
12359 Berlin-Rudow
Telefon und Fax:
030 - 66 93 00 90

In Berlin bietet sie Weine der Markgräfler Winzergenossenschaft Ballrechten-Dottingen und der Kaiserstühler Winzergenossenschaft Bischoffingen an. Sie vertreibt sie ab Lager im Direktverkauf. Über ihren Weinstand »Weinbrunnen« macht sie bei Straßenfesten und dem Weihnachtsmarkt in Lichtenrade auf sich aufmerksam. Man kann sofort den Wein bestellen, der einem besonders geschmeckt hat oder stimmt den Termin für eine private Weinprobe ab. Karen

Kursawe stellt dann ein persönliches Sortiment zusammen, kommt vorbei und kredenzt eine individuelle badische Weinprobe. Hat man durch ihre Beratung seine Weine entdeckt, können sie nach Bedarf über die reichhaltige Bestellliste, die auch Obst-Edelbrände und Weingelee aus Rot- und Weißwein enthält, bestellt werden.
Die beiden Winzergenossenschaften aus dem Markgräfler Land und vom Kaiserstuhl stellen mittels der traditionellen Flaschengärung aus ihren Weinen Sekte her, die Karen Kursawe auch als Präsente ausliefert.

Mit Lieferungen auf Kommission trägt sie dazu bei, dass Wohnungseinstandsparties badischer Studenten und Promotionsfeiern zum sicheren Erfolg werden. Es ist dabei nicht notwendig, dass der Veranstalter Latein oder Altgriechisch beherrscht, selbstverständlich sind die Preislisten in verständlichem Deutsch gehalten.

Institutionen

ALBA Berlin Basketballteam e.V.
Marco Baldi
Cantianstraße 24,
10437 Berlin
Telefon 030 - 30 09 05-0
Schwabe Marco Baldi hält als Vizepräsident beim Berliner Basketballverein ALBA, der zur Spitze Europas zählt, die schützende Hand über den Korb.

Akademie der Künste
Hanseatenweg 10,
10557 Berlin
Telefon 030 - 3 90 76-0
Zu viel Glas zu wenig Stein! Der umstrittene Entwurf des Neubaus der »Akademie der Künste« am Pariser Platz stammt aus der Zeichenfeder des Stuttgarter Architekten Günter Behnisch. S. 30 f.

»Berlinale«
Internationale Filmfestspiele Berlin
Dieter Kosslick
Potsdamer Straße 5, 10785 Berlin
Telefon 030 - 25 92 00
Im Sommer 2000 wurde er gewählt, im Frühjahr 2001 begann die Amtszeit des Pforzheimers Dieter Kosslick als Leiter der Internationalen Berliner Festspiele. Seither sorgt eine Badener, dass bei der »Berlinale« alle Filme auf der Rolle sind und niemand aus ihr fällt.

Berlin Capitals Eishockey GmbH
Neue Kantstraße 14, 14057 Berlin
Telefon 030 - 88 56 00-0
Egon Banghard von der Geldanlegestelle hohenlohischer Herkunft »Prinz zu Hohenlohe-Jagstberg & Banghard KG« schmierte das Clubgetriebe, indem er ganze acht Millionen DM in die Kasse butterte.

Europäische Kommission
Vertretung in der Bundesrepublik Deutschland
Hans-Georg Gerstenlauer
Unter den Linden 78,
10117 Berlin
Telefon 030 - 22 80-0
Ein schwäbischer Zentraleuropäer vertritt die »Europäische Kommission« – und Unter den Linden sich die Beine.

Hertha BSC e.V.
Dieter Hoeneß
Hanns-Braun-Straße,
14053 Berlin
Telefon 030 - 300 92 80
Ein Ulmer Metzgersohn und ehemaliger Kopfballrecke träumt von bulettenweichen Flankenbällen in den gegnerischen Strafraum beim Kampf um europäische Fußballpokale.

I-D Media AG
Uwe Kolb
Lindenstraße 20-25, 10969 Berlin
Telefon 030 - 25 94 7-0
Vorstandchef Uwe Kolb gründete das Unternehmen in Essingen-Forst bei Aalen und zog im Jahr 2000 von den schwäbischen Highlands der Ostalb zum neuen Standort Berlin, dem multimedialen »place to be«. Das Jenaer Wirtschaftswunder Dr. Lothar Späth sitzt im Aufsichtsrat der »multimedialen Full-Service-Agentur«.

Landesvertretung Baden-Württemberg
Tiergartenstraße 15,
12683 Berlin
Telefon 030 - 254 56-0
Ein offenes Haus, eine Stätte der Begegnung und ein Schaufenster des »Musterländles« möchte die neue Landesvertretung Baden-Württemberg in der Hauptstadt werden. S. 25 ff., 32 f.

Partner für Berlin,
Gesellschaft für Hauptstadtmarketing mbH
Dr. Heinz Dürr
Charlottenstraße 65, 10117 Berlin
Telefon 030 - 202 40-0
Als Bahn-Chef kümmerte sich Schwabe Heinz Dürr um volle Züge zwischen Städten, als Aufsichtsratvorsitzender von »Partner für Berlin« preist er die Stadt in vollen Zügen.

Senatsverwaltung für Stadtentwicklung
Senatsbaudirektorin
Barbara Jakubeit
Fehrbelliner Platz 1, 10707 Berlin
Telefon 030 - 90 13-0
Die Konstanzer Architektin Barbara Jakubeit tauschte 1996 das Amt der Präsidentin der Bundesbaudirektion mit dem Posten der Senatsbaudirektorin Berlins, bekleidete das Amt bis ins Jahr 2000 und brachte etwas Rouge ins steingraue Make-up des Berliner Gesichts.

Senatsverwaltung für Wirtschaft und Technologie
Staatssekretärin
Dr. Gisela Meister-Scheufelen
Martin-Luther-Straße 105,
10825 Berlin
Telefon 030 - 90-0
Vom baden-württembergischen Landtag im Eilzug in die Berliner Senatsverwaltung.

SFB Sender Freies Berlin
Horst Schättle
Masurenallee 8-14, 14057 Berlin
Telefon 030 - 3031-0
»Ich glotz TV« sang die Berliner Roksängerin Nina Hagen, Schwabe Horst Schättle sorgt als als Intendant dafür, dass Nina alles auf dem Schirm hat.

Studienzentrum Weikersheim e.V.
Pariser Platz 6a, 10117 Berlin
Telefon 030 - 22 48 92 00
Der ehemalige Ministerpräsident von Baden-Württemberg, Hans Filbinger, eröffnete das günstig zwischen Hotel Adlon und Reichstag gelegene Hauptstadtbüro der »konservativen Denkfabrik«. (Tagesspiegel vom 11.4.1999)

SWR TV - ARD Hauptstadtstudio
Dagmar Seitzer
Wilhelmstraße 67a, 10117 Berlin
Telefon 030 - 22 88-28 52
In den neuen Büros des ARD-Hauptstadtstudios versuchen die Journalisten während der heißen Sitzungswochen im Bundestag nicht ins Schwimmen zu geraten.

Tierheim Lankwitz
Carola Ruff
Dessauerstraße 21, 12249 Berlin
Telefon 030 - 76 888-0
Das sanfte Schwarzwälderisch der Sprecherin des Tierheim Lankwitz soll fletschende Kampfhunde zu schmusenden Rehpinschern machen, wie aus gewöhnlich gut unterrichteten Tierkreisen zu erfahren ist.

Trigger Happy Productions
Ralf Schmerberg
Rosenthalerstraße 38, 10178 Berlin
Telefon 030 - 28 48 97 0
In Stuttgart schoss Ralf Schmerberg phantastische Werbefotos, in Berlin dreht er Musikvideos des Stuttgarter Hiphop-Quartetts »Die phantastischen Vier«.

Verein der Badener in Berlin e.V.
1.Vorsitzende: Christa Grüttner
Selerweg 42, 12169 Berlin
Telefon 795 76 29
Seit über hundert Jahren besteht der

Verein der Badener in Berlin. e.V., in dem der Markgraf von Baden Mitglied ist. S. 22 ff.

Verein der Württemberger zu Berlin e.V.
1.Vorsitzende: Margot Urban
Ruhwaldstraße 18,
16540 Hohen Neuendorf
Telefon 03303 - 50 06 58
Schon 1869 wurde der Verein der Württemberger zu Berlin e.V. von schwäbischen Handwerkern in Berlin gegründet. S. 22 ff.

Unternehmungen und Unternehmungslustige

arcetectoure
Studienreisen
Architektur & Städtebau
Gisela Trögele
Frankfurter Tor 1, 10243 Berlin
Telefon 030 - 42 78 02 57
Die Architektin Gisela Trögele aus Aalen landete nach einem mehrjährigem beruflichen Umweg über die USA in Berliner Architekturbüros. Jetzt organiesiert sie internationale Studienreisen, direkt und ohne Umwege, auch Schwabentouren durch Berlin.

Architekturbüro Dietrich Bangert
Tristanstraße 8 – 10,
14109 Berlin
Telefon 030 - 80 47 17-0
Der Architekt Dietrich Bangert ging aus dem offenen Architektur-Wettbewerb »Landesvertretung Baden-Württemberg in Berlin« als Sieger hervor und durfte das »Weiße Haus« von Baden-Württemberg bauen.
S. 25 ff., 32 f.

Architekturbüro Ralf Kohlbecker
Christoph Kohlbecker
Kniebisstraße 16, 76571 Gaggenau
Telefon 07225 - 98 42 56
Hoch hinaus baute der Architekt Christoph Kohlbecker mit seinem italienischen Kollegen Renzo Piano die debis-Zentrale am Potsdamer Platz, schon von weitem zeigt der grüne »debis-Würfel«, wo's lang geht. S. 31, 62 ff.

»Ave Maria«
Ulrike Schuster
Potsdamerstraße 75,
10785 Berlin
Telefon 030 - 262 12 11
Second-Hand Klamotten, gebrauchte Kruzifixe, Engelfiguren und frischer Weihrauch – das günstigste Paradies auf Erden! S. 77 ff.

be.bra verlag GmbH,
Berlin.Brandenburg
Ulrich Hopp
KulturBrauerei Haus S
Schönhauser Allee 36,
10435 Berlin
Telefon 030 - 440 23 810
Berlin und Brandenburg sind die Themen des Verlags, den ein Remstäler nach der Wiedervereinigung gründete.

Behnisch & Partner
Freie Architekten
Günter Behnisch
Gorch-Fock-Straße 30,
70619 Stuttgart
Telefon 0711 - 4 76 56-0
Eine Glasfassade sollte die Offenheit und Transparenz des neuen Gebäudes der Akademie der Künste am Pariser Platz symbolisieren. Doch das »steinerne Berlin« war dagegen, und Günter Behnisch musste seine Entwürfe so lange ändern, bis dennoch eine Glasfassade gebaut wurde. S. 30 f.

Coiffeur Udo Walz
Kurfürstendamm 200, 10719 Berlin
Telefon 030 - 882 74 57
Seit 35 Jahren hallt der Ruf des Waiblingers Udo Walz als Prominentenfriseur über alle Grenzen. Gerne lassen sich die zugezogenen Politikergattinnen und Fernsehdamen ihre vom scharfen Berliner Wind zerzausten Haare von schwäbischer Meisterhand zu einer natürlichen, leicht zerzaust wirkenden Frisur zähmen.

Crippled Dick Hot Wax!
Schlesische Straße 28, 10997 Berlin
Telefon 030 - 617 89 00
Aus dem Schwarzwald, wo sich Kuckuck und Uhr Gute Nacht sagen, wanderte das junge Music-Label nach Kreuzberg, um der Berliner Musikszene ein dickes Ei ins Nest zu legen.

DaimlerChrysler AG
Repräsentanz für Bundesangelegenheiten
Dieter Spöri
Alte Potsdamerstraße 5, 10785 Berlin
Telefon 030 - 2 59 41-0
Ein ehemaliger baden-württembergischer Wirtschaftsminister möchte im Namen der DaimlerChrysler AG seine ehemaligen Kollegen von den Vorzügen bundesweiter Sternfahrten überzeugen. S. 62 ff.

DaimlerChrysler Services (debis) AG
debis Haus am Potsdamer Platz
Eichhornstraße 3, 10785 Berlin
Telefon 030-25 54-0
Im Foyer des Dienstleistungsunternehmens fordert die Maschine »Méta-Maxi« des Künstlers Jean Tinguelys den Besucher zum Nachdenken über künstliche Welten und weltlicher Kunst heraus. S. 62 ff.

Dussmann Kulturkaufhaus
Friedrichstraße 90, 10117 Berlin
Telefon 030 - 20 25-11 11
Das KulturKaufhaus beförderte Verkäufer zu Prokuristen. Seither kann es die Ladenschlusszeiten umgehen, weil abends nur noch Prokuristen bedienen, was erlaubt ist. S. 69 ff.

EnBW
Energie-Vertriebsgesellschaft mbH
Pascalstraße 10, 10587 Berlin
Telefon 030 - 39 92 39-0
Nach der Liberalisierung des Strommarktes sorgt die baden-württembergische Stromgesellschaft z.B. im Berliner Abgeordnetenhaus mit schwäbischem Strom für Erleuchtungen. S. 58 ff.

ENSS
Eckert, Negwer, Sommer, Suselbeck
Architekten BDA
Dieter Eckert / Detlef Sommer
Oranienplatz 4, 10999 Berlin
Telefon 030 - 61 69 49 40
Mit schwäbischem Fleiß zum Wettbewerbspreis!

Gegenbauer GmbH & Co.KG
Paul-Robeson-Straße 37,
10439 Berlin
Telefon 030 - 4 46 70-0
Vater Carl Gegenbauer gründete als schwäbischer Immigrant 1925 den Familienbetrieb, der heute zu den größten Unternehmen im Gebäudemanagement zählt und von Sohn Werner Gegenbauer geführt wird.

Infogenie GmbH
Markus Semm
Ansbacher Str. 65, 10777 Berlin
Telefon 030-32 60 26 99
Consulting per Telefon in allen Lebensfragen, abgerechnet wird »einheit-lich« mit der Telefonrechnung. S. 74 ff.

Itag Immobilien-Treuhand
Vermögensanlage AG
Karl Herr
Lepsiusstraße 114, 14057 Berlin
Telefon 030 - 79 00 07 03
Der aus Freiburg im Breisgau stammende Vorstandsvorsitzende der Itag AG, die zu den größten Bauträgern der Stadt zählt, bekleidet u. a. das Amt des Vorsitzenden des Stadtentwicklungsausschusses der Industrie- und Handelskammer.

KaDeWe
Kaufhaus des Westens
Tauentzienstraße 21-24,
10789 Berlin
Telefon 030-2121-0
In der Feinschmeckeretage des KaDeWe rufen schwäbische Maultaschen, verführen badische Weine und winken Schwarzwälder Schinken. S. 96 f.

Katharina Sigwart
Hüte und Accessoires
Im Kunsthof
Oranienburgerstraße 27,
10117 Berlin
Telefon 030 - 283 84 595
Die Modistin Katharina Sigwart verkauft in ihrem Laden Hüte, aber keine Ladenhüter. S. 56 f.

Klaus Theo Brenner
Freier Architekt
Schillerstraße 94, 10625 Berlin
Telefon 030 - 31 57 46-0
Der aus Fellbach kommende Architekt Klaus Theo Brenner begreift den städtischen Raum als Bühne für spontane Aktionen. S. 31

Lauber und Wöhr
Architekten
Barerstraße 40, 80333 München
Telefon 089 - 24 88 81-0
Aus München kamen die Hessin Ulrike Lauber und der Schwabe Wolfram Wöhr nach Berlin, um den Bau ihrer Gebäude am Potsdamer Platz zu beaufsichtigen. S. 31, 65

Möbelbau und Inneneinrichtung
Uwe Küttner
Adalbertstraße 9, 10999 Berlin
Telefon 030 - 615 20 64
Aus Engen in die weite Welt – ein Schreiner, Tischler, Möbelbauer, Inneneinrichter und Lehrlingsausbilder aus dem Schwarzwald in Berlin.

NHS Werbeagentur
Utz D. Rausch
Potsdamer Straße 68, 10785 Berlin
Telefon 030 - 26 99 43-0
Der alte Stuttgarter Werbehase Utz. D. Rausch leitet das Hauptstadtbüro der großen Werbeagentur NHS aus Essen.

Peter Dussmann GmbH & Co.KG
Hauptverwaltung
Friedrichstraße 90,
10117 Berlin
Telefon 030 - 20 25-20 24
Ein Rottweiler Buchhändler beginnt mit bezahltem Blumengießen in Junggesellenwohnungen und avanciert zum geschäftsführenden Gesellschafter eines internationalen Gebäudemanagement-Konzerns. S. 69 ff.

Playstixx
Stefanie Dörr
Waldemarstraße 24,
10999 Berlin
Telefon 030 - 61 65 95 00
Werksverkauf: Donnerstag 14 Uhr bis 18 Uhr und nach Anmeldung
Die Bildhauerin Stefanie Dörr fertigt in ihrer Kreuzberger Manufaktur künstlerisch geformtes Spielzeug für Frauen. S. 80 f.

Prinz zu Hohenlohe-Jagstberg & Banghard GmbH & Co KG
Egon Banghard
Uhlandstraße 175,
10719 Berlin
Telefon 030 - 8 84 67-0
Heißer Tipp als Immobilienfonds-Multis und Gesellschafter beim Berliner Eishockeyclub Capitals GmbH.

Ritz-Carlton Schloßhotel
Rainer J. Bürkle
Brahmsstraße 10,
14193 Berlin
Telefon 030 - 895 84-0
Auf schwäbische Ordentlichkeit achtet der Hotelmanager Rainer J. Bürkle in der von Karl Lagerfeld restaurierten Grunewaldvilla aus dem Jahre 1914.

RobotSystem Gesellschaft für Palettiertechnik mbH
Christoph Kroetz
Crellestraße 19/20,
10827 Berlin
Telefon 030 - 78 77 26-0
»Alles paletti« für den Baden-Badener Christoph Kroetz. Mit seinen Palettiersystemen sorgt er für kostengünstige Verlagerungen von Waren.

Scholz & Friends Berlin,
Werbeagentur
Sebastian Turner
In der Dampfbrotbäckerei
Wöhlertstraße 12/13,
10115 Berlin
Telefon 030 - 285 35-300
Ein Schwabe im Hauptstadtbüro einer Hamburger Werbeagentur entwirft mit seinen schwäbischen Mitarbeitern in Berlin die Image-Kampagne des Landes Baden-Württemberg mit dem Slogan: »Wir können alles. Außer Hochdeutsch!.« Ein stolzer Spruch oder ein verdeckter Hilferuf? S. 53 ff.

Steffen Lehmann Architekten BDA
Gesellschaft von Architekten mbH
Kantstraße 151, 10623 Berlin
Telefon 030 - 318 68 81-0
Der gemeinsame Zeichentisch mit dem japanischen Architekten Arato Isozaki beim Bau des Bürogebäudes der Berliner Volksbank am Potsdamer Platz entpuppte sich für den Stuttgarter Steffen Lehmann als Sprungbrett in den Berliner Auftragshimmel. S. 31 f., 65

Unternehmensgruppe Roland Ernst
Friedrichstraße 76, 10117 Berlin
Telefon 030 - 20 94 75 00
Die Heidelberger Unternehmensgruppe Roland Ernst hat ihr Herz in ihren Berliner Bauten in der Friedrichstraße und den Hackeschen Höfen verloren.

WALL AG
An der Spreeschanze 6-8
13599 Berlin
Telefon 030 - 33 8 99-0
Ob Kioske, Haltestellen und City Toiletten – in diesen stark frequentierten Verweilorten Berlins steckt Technik, die die Firma des Baden-Württemberger Hans Wall konstruiert und fabriziert. Dass Professor Kleihues dabei für das Design verantwortlich ist, trägt sicherlich mit dazu bei, dass die stillen Örtchen aus Berlin weltweit im Einsatz sind.

Zapf Umzüge
Klaus E.H. Zapf Transporte GmbH
Köpenickerstraße 14,
10997 Berlin
Telefon 030 - 61 0 61
Mit einer studentischen Umzugshilfe für Wohngemeinschaften schlug sich der Kraichgauer Jurastudent Klaus E.H. Zapf durch und baute sie zu einer internationalen Spedition aus. »...man nennt es halt die Zapfenstreiche!«

Kleinkunst, Großkunst

Albrecht Metzger
»Schwabenoffensive«
Heckmannufer 8, 10997 Berlin
Telefon 030 - 611 59 17
Filmemacher und Mister »Proudly presents« des Rockpalastes Albrecht Metzger gründete in der Berliner Diaspora mit Johann Jakob Wurster und Susanne Scholl das Kabarett »Schwabenoffensive«, jetzt macht er wieder »Filmle«. S. 48 f.

Chamäleon Varieté
in den Hackeschen Höfen
Hajo Keller
Rosenthalerstraße 40, 10178 Berlin
Telefon 030 - 282 71 18
Ein Schwabe managt das legendäre Varieté Chamäleon in den weltberühmten Hackeschen Höfen.

Das deutsche Handwerk
Thomas Raschke
Braunschweiger Straße 84
12055 Berlin
Telefon 030 - 68 05 95 29
Aus Stuttgart kam »Das deutsche Handwerk« nach Berlin. So heisst die Künstlergruppe von Raschke, Rogler und Riemann, die auf dem goldenen Boden des Handwerks ihre Kunst installieren möchten.

Deutsches Theater Berlin
Kammerspiele
Stefan Otteni
Schumannstraße 13,
10117 Berlin
Telefon 030 - 284 41-0
Der Karlsruher Schauspieler und Regisseur Stefan Otteni übernimmt im Jahr 1999 die künstlerische Leitung der Kammerspiele am Deutschen Theater.

Frank Zeidler
Dieffenbachstraße 37,
10967 Berlin
Telefon 030 - 693 93 67
Schrill, bunt und wild war die Berliner Malerei in den achtziger Jahren. Davon unbeirrt ging der Ulmer Frank Zeidler seinen Weg und sucht farbige Schwingungen im Unbunten seiner großformatigen Bilder und Bleistiftzeichnungen.

Franziska Traub
über Agentur Charade
Mommsenstraße 55,
10629 Berlin
Telefon 030 - 324 56 02
Als schusselige Kellnerin »Rosa Pommeli« reiste die Waiblingerin Franziska Traub mit dem Feinschmeckerzirkus »Pomp, Duck and Circumstance« um die Welt. Zurück in Berlin, bringt sie als Bedienung bei Galas alles durcheinander und wird Kassiererin in der Fernsehserie »Ritas Welt«. S. 36 f.

Freimut Wössner
Ahrenshooper Zeile 40,
14129 Berlin
Telefon 030 - 80 90 53 60
Karikaturist und Satireautor aus Stuttgart, nimmt absurde Alltagsituationen auf die spitze Feder.

Frieder Butzmann
über: Z-Studio
Oranienstraße 6,
10997 Berlin
butzi@is.in-berlin.de
Seit 1975 lebt der Konstanzer Geräuschespreizer, Tonverfremder und Musikkomprimierer Frieder Butzmann in Berlin, sammelt Töne, Musiken, Geräusche, verfremdet sie bis zur Unkenntlichkeit und komponiert damit Musikstücke, Filmsounds, Hörspiele oder Opern.

F.W. Bernstein
über HDK-Hochschule der Künste
Hardenbergstraße 33,
10623 Berlin
In Göppingen als Fritz Weigle geboren, wurde er unter seinem Pseudonym F.W.Bernstein zu einem der bekanntesten Karikaturisten Deutschlands. In Zeitschriften, wie »Pardon« und »Titanic« und zahlreichen Büchern wurden seine Zeichnungen veröffentlicht. Seit 1984 ist er Professor für Karikatur und Bildgeschichte an der HDK-Hochschule der Künste.

Hildegard Knef
Autorin, Sängerin, Schauspielerin
Berlin-Zehlendorf
Als Hildegard Frieda Albertine Knef wurde die bekannte Autorin, Sängerin und Schauspielerin am 28.12.1925 in Ulm geboren. Im Jahr 1942 kam sie wegen einer Ausbildung als Trickzeichnerin zur UFA nach Berlin, nahm Schauspielunterricht und landete in der Filmstadt Babelsberg. Von einem Ulmer Spatz, der nach Berlin flog, wurde sie zu einer der bekanntesten Berliner Schauspielerinnen und Sängerinnen, kurz, zu der »Knef«.

Holger Daemgen
über ZBF - Zentrale Bühnen-,
Fernseh- und Filmvermittlung
Ordensmeisterstraße 15,
12099 Berlin
Telefon 030 - 75 76 00
In Schwäbisch Gmünd aufgewachsen, Ausbildung in Salzburg am Mozarteum und 1995 nach Berlin ans Schloßparktheater gekommen, spielt Holger Daemgen in klassischen und modernen Stücken. Dann ließ »Schwester Stefanie« ihre Beziehungen in Fernsehkliniken spielen und empfahl ihn »In aller Freundschaft«.

Irene Rindje
über Agentur Susanne Reimann
Rheinstraße 45, 12161 Berlin
Telefon 030 - 852 60 18
Ihre Sprachbegabung für Dialekte und schauspielerisches Können bringt der Schauspielerin und Kabarettistin Irene Rindje aus Ludwigsburg Rollen in Kino- und Fernsehfilmen. In der Sendung »Zimmer frei« wird sie als »Monica aus Slawice« zur Kultfigur.
S. 40 f.

Johann Jakob Wurster
Neckarstraße 8, 12053 Berlin
Telefon 030 - 682 09 21
Nach Jahren als Ensemblemitglied in der »Schwabenoffensive« spielt der Schauspieler Johann Jakob Wurster in Kino- und Fernsehfilmen, führt Theaterregie, wird als »Roy Fleischer« zum Spielleiter des Improvisationstheaters »Theatersport«, schreibt Drehbücher, Theaterstücke und schwäbische Hörspiele. S. 48 f.

Karneval der Kulturen
Projektbüro Werkstatt der Kulturen
Dr. Brigitte Walz
Wissmannstraße 32,
12049 Berlin
Telefon 030 - 622 20 24
Die Badenerin Brigitte Walz wird zur Initiatorin des »Karnevals der Kulturen«, der zu einem der größten multikulturellen Umzüge in Europa wird.

Künstleragentur »Rampensau«
Gerhard Winterle/
Susanne Stallmann
Gubener Str. 47, 10243 Berlin
Telefon 030 - 29 44 97 60
Mit dem Berliner Musikkabarett »Preddy Show Company« tingelten die Hessin Susanne Stallmann und der Karlsruher Gastwirtsohn Gerhard Winterle

jahrelang durch die Kleintheater. Danach gründen sie die Künstleragentur »Rampensau«, die namhafte Künstler des Berliner Chansons und Musikkabaretts vertritt. S. 67 f.

Martina Brandl
über Künstleragentur »Rampensau«
Gubener Str. 47, 10243 Berlin
Telefon 030 - 29 44 97 60
Martina Brandl kam aus dem schwäbischen Geislingen an der Steige nach Berlin und steigt zu einer mit zahlreichen Kleinkunstpreisen ausgezeichneten Berliner Sängerin auf. S. 34

Nina Hoss
über Agentur Players
Sophienstraße 21, 10178 Berlin
Telefon 030-285 168-0
Als »Mädchen Rosemarie« machte die talentierte Schauspielschülerin aus Stuttgart Filmkarriere, spielte am Deutschen Theater die Hauptrolle in »Minna von Barnhelm«, verliert nicht den Kopf und beendet ihre Ausbildung an der Ernst-Busch-Schauspielschule in Berlin.

Otto Kuhnle
Weserstraße 56, 12047 Berlin
Telefon 030 - 68 80 92 87
Als ein Komiker versteht sich der Schwäbisch Gmünder Diplom-Artist Otto Kuhnle. Mit dem Kabarett »Trio Blamage« zog er jahrelang mit einem Hessen und Rheinländer durch die Lande, das Programm »Der Kuhnle Klan« bringt ihn zu seinen schwäbischen Wurzeln zurück. S. 48 f.

Jochen Sandig
Sophiensäle
Sophienstraße 18, 10178 Berlin
Telefon 030 - 283 52 66
Nachdem Sasha Waltz an die Schaubühne am Lehniner Platz gewechselt war, blieb ihr langjähriger Mitarbeiter, der Schwabe Jochen Sandig, als künstlerischer Leiter in den »Sophiensälen«.

Prof. Joachim Sauter
über HDK-Hochschule der Künste
Hardenbergstraße 33,
10623 Berlin
An der HDK-Hochschule der Künste im Studiengang »Visuelle Kommunikation« erforscht der Schwäbisch Gmünder Joachim Sauter mit seinen Studenten neue Medien und virtuelle Welten.

»Schall und Hauch«
über Künstleragentur »Rampensau«
Gubener Str. 47, 10243 Berlin
Telefon 030 - 29 44 97 60
Ein Brasilianer und ein Schwabe singen Lieder und Schlager mit einem ordentlichen Schuss Selbstironie und Schlagerparodie. S. 38 f.

Susanne Scholl
über Agentur Rakete
Rütgerweg 5, 22763 Hamburg
Telefon 040 - 880 11 03
Die Schauspielerin Susanne Scholl war in der Ur-Besetzung der »Schwabenoffensive« die einzige Frau. Heute spielt sie in Fernsehfilmen und ist gern gesehener Gast in Synchronstudios, auf hochdeutsch. S. 48 f.

Prof. Helmut Staubach
über Kunsthochschule
Berlin-Weißensee,
Hochschule für Gestaltung
Bühringstraße 20,
13086 Berlin
Aus Zell unter Aichelberg kommt Helmut Staubach, Designer von Büromöbelsystemen und Schienenfahrzeugen. An der Kunsthochschule Berlin-Weißensee unterichtet er »Industriedesign«.

Tanja Ries
über Künstleragentur »Rampensau«
Gubener Str. 47,
10243 Berlin
Telefon 030 - 29 44 97 60
Die Pforzheimer Chanteuse Tanja Ries lud fünf Jahre lang zu ihrem Programm »Nachtcafé« ein. Mit ihren Liedern spürt sie zwischenmenschlichen Dissonanzen in der Großstadt nach.
S. 44

Prof. Uwe Vock
über HDK-Hochschule der Künste
Hardenbergstraße 33,
10623 Berlin
In einer Frankfurter Werbeagentur beschäftigte sich der Schwabe Uwe Vock mit den Zusammenhängen von Kamelen und Zigaretten. Heute lehrt er grafische Entwurfsprozesse an der HDK-Hochschule der Künste im Studiengang »Visuelle Kommunikation«.

Sasha Waltz
Schaubühne am Lehniner Platz
Kurfürstendamm 153,
10709 Berlin
Telefon 030 - 89 00 20
Als Stipendiatin für Tanz und Choreografie kam die Karlsruherin Sasha Waltz nach Berlin, entdeckte die »Sophiensäle«, entwickelte ihren eigenen Stil des Tanztheaters. Seit 1999 ist sie künstlerische Leiterin für Tanz an der Schaubühne am Lehniner Platz.

Weinstuben und Restaurants

»Besenwirtschaft«
Antje Rückholz
Uhlandstraße 159,
10719 Berlin-Wilmersdorf
Telefon 030 - 881 16 23
Täglich ab 18.00 Uhr
Die Berlinerin Antje Rückholz schwelgt seit Jahren in ihren Erinnerungen an Heilbronn und betreibt als einzige »Besenwirtin« Berlins eine schwäbische Weinstube. S. 116 f.

»Die Feinbeckerei«
Manfred Becker
Vorbergstraße 2,
10823 Berlin-Schöneberg
Telefon 030 - 784 51 58
Täglich ab 12.00 Uhr
Durch eine Bierkneipe gelangt man in eine schwäbische Weinstube in der Backstube einer ehemaligen Bäckerei.
S. 102 f.

»Gerstensack«
Peter Wasner
Fichtestraße 31,
10967 Berlin-Kreuzberg
Telefon 030 - 694 87 03
Täglich ab 18.00 Uhr
In der kalten Jahreszeit schürt der Wirt Peter Wasner aus Friedrichshafen das knisternde Feuer im offenen Kamin, im Sommer lädt die Straßenterrasse ein.
S. 104 f.

»Glühwurm«
Jörg Rometsch
Südwestkorso 69a,
12161 Berlin-Friedenau
Telefon 030 - 852 30 67
Täglich ab 16.00 Uhr,
im Sommer ab 10 Uhr

Wirt Jörg Rometsch ist stolz auf die große schwäbische Speisekarte und der eigenen Herstellung von Maultaschen. Im Sommer kann im Biergarten nach Glühwürmchen Ausschau gehalten werden. S. 106 f.

»Landwirt«
Klaus Peter Kuch
Eisenacherstraße 23,
10781 Berlin-Schöneberg
Telefon 030 - 218 69 20
Täglich ab 18.00 Uhr
Wenn Schmetterlinge necken, Gäste hinter Hecken sich verstecken, hat der badische Gastwirt sein Biergärtchen geöffnet. In kühlen Jahreszeiten sitzt man in der bäuerlichen Gaststube im Warmen. S. 108 f.

»Lucas«
Heiko Muchow
Cranachstraße 39/40,
12157 Berlin-Friedenau
Telefon 030 - 855 10 26
Täglich ab 16.30 Uhr
Malerisch rankt sich Efeu am Türmchen empor, eine ausladende Markise reicht bis zur schützenden Hecke, hell und weit wirkt das badische Restaurant im Haus. S. 110 f.

»Prinzipium«
Peter und Georg Prinz
Wolfshagenersraße 68,
13187 Berlin-Pankow
Telefon 030 - 47 53 77 69
Montag bis Samstag ab 12.00 Uhr,
Sonntag ab 10 Uhr,
Dienstag Ruhetag
Zwei schwäbische Brüder mit dem Namen Prinz betreiben das »Prinzipium«. Ein Restaurant mit Galerie, in einem alten Eckhaus, im schönen alten Teil von Pankow gelegen. S. 112 f.

»Söhnelhof«
Heidi Herzog
Neue Kreisstraße 50,
14109 Berlin-Kohlhasenbrück
Telefon 030 - 805 20 72
Mittwoch bis Sonntag ab 12.00 Uhr,
winters bis 18.00 Uhr,
sommers bis 21.00 Uhr
Kurz vor der Gemarkungsgrenze Berlins im Südwesten, in einer ehemaligen Werft für Sportboote, liegt die Uferterrasse des schwäbischen Söhnelhofs direkt am Teltowkanal unter alten Bäumen. S. 118 f.

Weinrestaurant »Spirale«
Johann Studinger
Levetzowstraße 19,
10555 Berlin-Tiergarten
Telefon 030 - 391 85 92
Täglich 17.00 Uhr bis 1.00 Uhr
In einen Wohnblock hat sich der alemannische Wirt Johann Studinger ein Restaurant wie eine Schwarzwaldstube gebaut. S. 114 f.

»Weitzmann«,
Berthold Schöttle
Lüneburger Straße, im S-Bahn-Bogen 390,
10557 Berlin-Moabit
Telefon 030 - 394 20 57
Täglich ab 17.00 Uhr
Gegenüber der »Wohnschlange« für Abgeordnete befindet sich in einem S-Bahnbogen auf der einen Seite die Gastwirtschaft mit Wohnzimmermöbeln vom Flohmarkt und auf der anderen Seite der einzige schwäbische Imbiss in Berlin. S. 100 f.

Badische und württembergische Weingeschäfte

»Badisches Weinhaus Berlin GbRmbH«
Peter Biskup / Dieter Kirchhofer
Naumannstraße 79,
Haus 34,
10829 Berlin-Schöneberg
Telefon 030 - 78 70 24 06
Do. – Fr. 15.00 – 18.00 Uhr,
Sa. 10.00 – 13.00 Uhr
Badischer Wein von sechzehn Winzergenossenschaften aus Kisten und Kartons direkt von der Palette. S. 132 f.

»Markgräfler Weinhandlung«
Peter Biskup
Kaiser-Friedrich-Straße 6,
10585 Berlin-Charlottenburg
Telefon 030 - 341 90 79
Mo. – Fr. 10.00 – 18.30 Uhr,
Sa. 10.00 – 14.00 Uhr
Weinseminare erschließen Reichtum und Vielfalt der badischen Weine, vornehmlich aus dem Markgräfler Land.
S. 122 f.

»Reinhard Neumeister Sekt-, Wein- und Handelsvertretung«
Reinhard Neumeister
Tübingerstraße 6,
10715 Berlin-Wilmersdorf
Telefon 030 - 853 66 23
Mo. – Fr. 15.00 – 18.30 Uhr
Bei Weinproben werden Weine und Sekte der württembergischen Marke Rilling verköstigt, die über Direktverkauf bezogen werden können. S. 130 f.

»Sieke's Weinhaus«
Jochen Sieke und Wulfram Klesser
Chausseestraße 15,
10115 Berlin-Mitte
Telefon 030 - 30 87 29 80
Weinhandlung:
Mo. – Fr. 10.00 – 18.30 Uhr,
Sa. 10.00 – 14.00 Uhr,
Restaurant:
Täglich 12.00 – 24.00 Uhr
Ein Weingeschäft im Erdgeschoss mit badischen Weinen und ein Restaurant darüber ergänzen sich hervorragend. Eine kleine Terrasse bietet Hinterhofidylle. S. 126 f.

»Weing'schäft Bernhard & Hess«
Heinz Bernhard
und Jürgen Hess
Bergmannstraße 16,
10962 Berlin-Kreuzberg
Telefon 030 - 692 39 12
Mo. – Mi. 10.00 – 19.00 Uhr,
Do. und Fr. 10.00 – 19.30 Uhr,
Sa. 10.00 – 14.30 Uhr
Nach einem Einkauf in der Markthalle am Marheinike Platz kann in der Bergmannstraße noch der passende baden-württembergische Wein aus dem »Weing'schäft« mit nach Hause genommen werden. S. 134 f.

»Weinhandlung Autos+Weine«
Werner Puzicha
Willmanndamm 18,
10827 Berlin-Schöneberg
Telefon 030 - 788 12 00
Mo. – Freitag 10.00 – 19.00 Uhr,
Sa. 10.00 – 15.00 Uhr
Ein Autoverleih mit angeschlossener Weinhandlung. S. 136 f.

»Weinleiner«
Mick Leiner
Goethestraße 71,
10625 Berlin-Charlottenburg
Telefon 030 - 313 55 33
Mo. – Mi. 11.00 – 18.30 Uhr,
Do. – Fr. 10.00 – 20.00 Uhr ,
Sa. 10.00 – 15.00 Uhr

Feine badische Weine, edle Gläser und Karaffen werden in einem typischen Berliner Ladengeschäft angeboten.

S. 128 f.

»Weinhandlung Württemberg«
Margit Münzing
Kirchstraße 23,
10557 Berlin-Tiergarten/Moabit
Telefon 030 - 39 10 07 30
Mo. – Do. 11.00 – 19.00 Uhr,
Fr. 10.00 – 19.00 Uhr,
Sa. 10.00 – 14.00 Uhr
Die Weingärtnertochter Margit Münzing aus Flein gab ihren Architektenberuf auf und wechselte vom Häuserbau zurück zum Weinanbau. S. 124 f.

»Weinparadies Baden – Direktverkauf«
Karen Kursawe
Johannisthaler Chaussee 117,
12359 Berlin-Rudow
Telefon 030 - 66 93 00 90
Von Weinen aus Baden begeistert, übernahm die Altphilologin Karen Kursawe einen Wein-Direktverkauf. Weinproben zu Hause können in Latein gehalten werden. S. 138 f.

Hufbeschlag Wagenbau
H. KÜHL
AUTO-REPARATUR
98

Register

Literatur

Bender, Helmut, *Baden: 1000 Jahre europäische Geschichte und Kultur,* Verlag Friedr. Stadler, Konstanz, 1977

Fischer-Fabian, Siegfried, *Die ersten Deutschen,* Droemer Knaur, 1993

Boelcke, Willi A., *Handbuch Baden-Württemberg,* Verlag W. Kohlhammer, Stuttgart Berlin Köln Mainz, 1982

Duden Verlag, Hrsg. *Herkunftswörterbuch, 1983*

Feyerabend, Wolfgang, *Der Berliner Kunsthof,* Kai Homilius Verlag, Berlin, 1998

Grönbech, Wilhelm, *Kultur und Religion der Germanen, Erster Band,* Primus Verlag, 1954

Grönbech, Wilhelm, *Kultur und Religion der Germanen, Zweiter Band,* Primus Verlag, 1954

Grüttner, Crista, Hrsg., *Festschrift 100 Jahre Verein der Badener in Berlin e.V. 1894-1994,* 1994

Landeszentrale für politische Bildung Baden-Württemberg, Hrsg., *Der Weg zum Südweststaat,* G.Braun Karlsruhe, 1991

Paul, Hermann, *Deutsches Wörterbuch,* Verlag Niemeyer

Rinker, Reiner und Setzler, Wilfried, Hrsg., *Die Geschichte Baden-Württembergs,* Konrad Theiss Verlag Stuttgart, 1986

Ritthaler, Anton, *Die Hohenzollern,* Aug.Steiger-Verlag Solingen, 1979

Sack, Manfred, *Alltagssachen,* Verlag Christian Brandstätter, Wien, 1992

Schlatterer, Bert, Hrsg., *Festschrift 120 Jahre Verein der Württemberger zu Berlin e.V. 1869-1989, Geschichte und Umfeld,* 1989

Thurn, Hans Peter, *Der Kunsthändler,* Hirmer Verlag, München, 1994

Troll, Thaddäus, *Deutschland deine Schwaben,* Hoffmann und Campe Verlag, Hamburg, 1967

Troll, Thaddäus, *Preisend mit viel schönen Reden,* Hoffmann und Campe Verlag, Hamburg, 1972

Verlag der Tagesspiegel GmbH, Hrsg., *Der Tagesspiegel, 13. Mai 1999*

Bildnachweis

Archiv Friedrich *S. 59, 66, 79, 98, 107, 109, 117, 125, 129, 131, 135*
Agentur Rampensau *S. 68*
Bartels, Till *S. 55*
Drexl, Gerhard *S. 8, 13, 15, 17, 21, 23, 26, 28, 32, 37, 43, 50, 52, 57, 61, 63, 65, 70, 72, 75, 82, 92, 94, 95, 105, 111, 115, 119, 120, 137, 139, 140, 154, 159 Umschlag vorne, Umschlag hinten*
Glaeser, Christian *S. 45*
Privatarchiv Irene Rintje *S. 41*
Ramoni *S. 47*
Treder, Sven *S. 39*

Wir können alles.
Außer Hochdeutsch.
Baden-Württemberg